आयुर्वेद सागर

कविताओं में सनातन चिकित्सा पद्धति

डॉ मुकेश अग्रवाल

notionpress
.com

अनुक्रम

मन की बात

आयुर्वेद केवल चिकित्सा पद्धति नहीं, यह जीवन जीने की सनातन कला है। यह वह अमृत है जो ऋषियों की साधना और प्रकृति के असीम रहस्यों से प्राप्त हुआ। आयुर्वेद तन, मन और आत्मा को संतुलित करते हुए हमें पूर्ण स्वास्थ्य का मार्ग दिखाता है। यह संग्रह "आयुर्वेद सागर: कविताओं में सनातन चिकित्सा पद्धति" उसी दिव्यता को काव्य के माध्यम से अभिव्यक्त करने का प्रयास है।

इस काव्यसंग्रह में आयुर्वेद के विभिन्न पहलुओं को कविताओं के रूप में प्रस्तुत किया गया है। इसमें आयुर्वेद का वैज्ञानिक, ऐतिहासिक, आध्यात्मिक और सामाजिक पक्ष उजागर होता है। यह संग्रह आयुर्वेद की प्राचीन परंपराओं से लेकर आधुनिक युग में इसके पुनरुत्थान तक की यात्रा का वर्णन करता है।

इन कविताओं का उद्देश्य न केवल आयुर्वेद के प्रति जागरूकता बढ़ाना है, बल्कि इसे सरल और प्रेरक तरीके से हर व्यक्ति के जीवन में स्थान देना है। यह संग्रह उन ऋषियों और विद्वानों को समर्पित है जिन्होंने मानवता को आयुर्वेद का अनुपम ज्ञान दिया।

इस पुस्तक को पूर्णता प्रदान करने में मैं अपने गुरुओ, माता पिता, परिवार, मित्रो, सहयोगियों, एडिटिंग सहयोग हेतु विक्रांत तावेसकर एवं आप सब पाठकों का आभारी हूँ, जो इस ज्ञान के सागर में गोता लगाकर अपनी जीवन यात्रा को अधिक स्वस्थ और संतुलित बनाएँगे। आपका प्रेम और समर्थन ही इस प्रयास की सफलता है।

- डॉ. मुकेश अग्रवाल

भाग 1
आयुर्वेद का परिचय

आयुर्वेद: जीवन का विज्ञान

जीवन के गहरे रहस्यों को समझने वाला,
एक अनादि और अनंत विज्ञान,
जहाँ शरीर, मन और आत्मा का संतुलन है उद्देश्य,
जहाँ प्रकृति के हर अंश में छिपा है आरोग्य।

यह केवल औषधियों का संग्रह नहीं,
यह तो जीवन जीने की कला है,
पंचमहाभूतों की लय से निर्मित,
मानव के अस्तित्व का मूल आधार है।

धातु, मांस, और रक्त का संवाद,
वात, पित्त और कफ का संतुलन,
यह है आयुर्वेद का मौन संदेश,
कि रोग बाहर नहीं, भीतर की पुकार है।

जड़ी-बूटियों में प्रकृति का आलिंगन,
हर पत्ती, हर जड़ में जीवन का स्पंदन,
नाड़ी की धड़कनों से पहचान लेता है यह,
कि कौन सी धारा भटक गई है राह से।

संजीवनी के सूत्रों से भरा,
आयुर्वेद बस एक नाम नहीं,
यह है जीवन का ऐसा दर्पण,
जो भीतर से बाहर तक रोशनी करता है।

समय के साथ यह पुराना नहीं हुआ,
बल्कि और गहरा, और प्रासंगिक बना,
क्योंकि इसका आधार है शाश्वत सत्य,
और सत्य कभी काल की सीमाओं में नहीं बंधता।

आओ, लौटें इस विज्ञान की गोद में,
जहाँ जीवन केवल शरीर का नहीं,
बल्कि आत्मा की प्रसन्नता का भी है प्रश्न,
यह है आयुर्वेद – जीवन का विज्ञान।

पंचमहाभूतों की अद्भुत रचना

आकाश, वायु, अग्नि, जल और पृथ्वी–
पांच तत्व,
जिनसे रचा गया है यह संसार,
हर जीव, हर वस्तु, हर स्पंदन।

आकाश–शून्यता का विस्तार,
अनदेखा, पर हर जगह मौजूद,
विचारों का आधार,
स्वप्नों का आकाश।

वायु–स्पर्श का स्रोत,
जीवन का प्रवाह,
हर सांस में छिपा
एक नया आरंभ।

अग्नि–ऊर्जा का धधकता स्रोत,
जीवन की ज्वाला,
रूपांतर का आधार,
अंधकार को रोशनी में बदलता।

जल–स्नेह और शांति का प्रतीक,
जीवन का रस,
संवेदनाओं का सहारा,
हर हृदय की गहराई में बहता।

पृथ्वी–स्थिरता और आधार,
सहनशीलता की प्रतिमा,
हर बीज की कोख,
हर जीवन का स्पर्श।

पंचमहाभूतों का यह संगम,
केवल शरीर नहीं बनाता,
बल्कि मन, आत्मा और ब्रह्मांड से जोड़ता है,
प्रकृति के संगीत में हमें समाहित करता है।

यह रचना केवल भौतिक नहीं,
यह चेतना की गूंज है,
जहाँ हर तत्व का अपना अर्थ है,
और हर जीवन का अपना स्थान।

पंचमहाभूतों की यह अद्भुत रचना,
एक संदेश देती है–
संतुलन में है सौंदर्य,
संतुलन में है जीवन।

त्रिदोष का चमत्कार

वात, पित्त और कफ–
तीन अद्भुत शक्तियाँ,
जो जीवन के हर कण में बसी हैं,
और मानव शरीर का अदृश्य संतुलन हैं।

वात–
आकाश और वायु का मेल,
हर गति का आधार,
श्वास का स्पंदन,
विचारों का प्रवाह,
और हर क्रिया का आरंभ।

पित्त–
अग्नि और जल का संगम,
ऊर्जा का स्रोत,
पाचन की ज्वाला,
ज्ञान का प्रकाश,
और रूपांतरण का रहस्य।

कफ–
जल और पृथ्वी का आलिंगन,
स्थिरता का स्तंभ,
स्नेह का स्वरूप,
शरीर की संरचना,
और सहनशीलता का प्रतीक।

यह त्रिदोष हैं,
ना केवल शरीर के संचालन का आधार,
बल्कि आत्मा और मन के संतुलन का रहस्य।
जब ये संतुलन में हों,
तो स्वास्थ्य एक मधुर संगीत बन जाता है।

पर जब असंतुलन हो,
तो रोग दस्तक देता है,
और प्रकृति के नियमों से जुड़ने की आवश्यकता,
हमें फिर से स्मरण कराती है।

त्रिदोष का यह चमत्कार,
सिर्फ चिकित्सा का विज्ञान नहीं,
यह जीवन का मार्गदर्शन है,
जो हर क्षण हमें जोड़ता है
प्रकृति के शाश्वत चक्र से।

आओ, इस चमत्कार को समझें,
और जीवन को संतुलन का उत्सव बनाएं।

स्वस्थ जीवन की परिभाषा

स्वस्थ जीवन केवल शरीर की चपलता नहीं,
यह मन, आत्मा और शरीर का सामंजस्य है।
यह एक निरंतर प्रक्रिया है, जो
मानसिक, शारीरिक और आध्यात्मिक संतुलन में है।

स्वस्थ जीवन वह नहीं,
जहाँ बीमारी का नाम न हो,
बल्कि वह है जहाँ जीवन की ऊर्जा,
हर दिन में नवीनतम आशा से भरपूर हो।

शरीर स्वस्थ तब होता है,
जब उसकी हर कोशिका, हर अंग,
प्राकृतिक और संतुलित गति में कार्य कर रहे हों,
और जीवन की रचनात्मकता निरंतर प्रवाहित हो।

मन स्वस्थ तब होता है,
जब विचार नकारात्मक नहीं,
बल्कि सकारात्मक और शांतिपूर्ण होते हैं,
और आत्मा की गहराई में संतोष का अनुभव होता है।

आध्यात्मिक स्वस्थता,
जगह-जगह बिखरी नश्वरता से परे,
उस परम सत्य से जुड़ी रहती है,
जो हर जीव के भीतर मौजूद है।

स्वस्थ जीवन की परिभाषा,
सिर्फ शरीर की उपस्थिति नहीं,
यह संतुलन का वह मार्ग है,

जो हमें प्रकृति के साथ जुड़ने और
अपने अस्तित्व के अर्थ को समझने की दिशा दिखाता है।

यह वह जीवन है,
जो हर रोज़ स्वस्थ आदतों,
सकारात्मक दृष्टिकोण और
समाज के प्रति दायित्व से निर्मित होता है,
एक जीवन, जो शांति, प्रेम और शक्ति से भरा हो।

आयुर्वेद और मानव का नाता

आयुर्वेद, प्रकृति का एक अद्भुत उपहार,
मानव जीवन से गहरे रिश्ते का प्रतिबिंब है।
यह केवल औषधियों का विज्ञान नहीं,
बल्कि जीवन के हर पहलू से जुड़ा हुआ दर्शन है।

मानव का शरीर पंचमहाभूतों से निर्मित,
आयुर्वेद उसी का संरक्षक है।
वह शरीर, मन और आत्मा के बीच संतुलन बनाए रखता,
प्रकृति से जुड़ी हुई ऊर्जा का प्रवाह करता है।

आयुर्वेद यह समझाता है,
कि शरीर के तीन प्रमुख दोष–वात, पित्त और कफ–
मनुष्य की प्रकृति के साथ सामंजस्य में रहने से,
स्वास्थ्य की शांति मिलती है।
जब ये दोष संतुलित होते हैं,
तो जीवन की धारा सही दिशा में बहती है।

आयुर्वेद का हर सिद्धांत,
प्राकृतिक तत्वों के साथ सामंजस्य बनाने का तरीका है।
यह हमें सिखाता है,
कैसे हम अपने आहार, दिनचर्या
और मानसिक स्थिति को सुधार सकते हैं, ताकि
हमारे शरीर में शक्ति और स्वाभाविक सुरक्षा बनी रहे।

मानव का नाता आयुर्वेद से,
एक जीवित रिश्ता है,
जहाँ मनुष्य अपने अस्तित्व को प्रकृति के साथ जोड़कर,
सम्पूर्ण जीवन की अनमोल ऊर्जा को महसूस करता है।

आयुर्वेद केवल उपचार नहीं,
यह जीवन को समझने और जीने का एक तरीका है,
जो हमारे हर कदम को प्रकृति की समझ और सत्व से भर देता है।
यह नाता, संतुलन का नाता है,
जो शरीर और आत्मा को संजीवनी देता है।

भाग 2
आयुर्वेद का ऐतिहासिक महत्व

वैदिक युग की चिकित्सा गाथा

सर्वप्रथम गूंजती थी शांति,
आत्मा और देह की एकता में लय,
मनुष्य ने प्रकृति से संवाद किया,
जीवन की लहर में हर सांस को पाया।

वेदों में छिपी थीं रहस्यमय विधियाँ,
जिनसे जीवन के हर तत्व को समझा गया,
औषधियों के बगिया में हर फल, हर बीज,
मानवता की दवाओं की शुरूआत वहीं से हुई।

समझा गया शरीर, उसकी रचना,
पाँच तत्वों से मिलकर बने हैं हम,
आग, वायु, जल, पृथ्वी और आकाश,
इनका संतुलन ही स्वास्थ्य का आधार था।

रोग नहीं, ये थे असंतुलन के संकेत,
जहाँ शरीर के बीच कोई दरार बनी,
मन और शरीर ने साथ चलने की सीख दी,
योग और ध्यान से मिले आराम के सूत्र।

संग्रहित किया गया नदियों के किनारे,
पौधों और जड़ी-बूटियों में देवताओं का वरदान,
आयुर्वेद का बीज वहीं बोया गया,
और समय के साथ यह वृक्ष रूपी ज्ञान बढ़ता गया।

चिकित्सा का यह महान धारा,
हमारी संस्कृति में गहरे समाई,
वैदिक युग ने दिया हमें जीवन का सार,
जिससे हम आज भी सजीव हैं, जागृत हैं।

यह चिकित्सा केवल शरीर नहीं,
मानसिक और आत्मिक संतुलन भी चाहती है,
एक साधना की तरह, एक कला की तरह,
जो अतीत से लेकर वर्तमान तक जीवित है।

समझें हम उस समय की महानता,
जो हमें देती है जीवन का सही मार्ग,
आयुर्वेद की उस धारा को याद करें, जो
शांति, स्वास्थ्य और समृद्धि की ओर ले जाती है।

ऋषियों की साधना और चिकित्सा

ऋषियों ने अपनी साधना से खोजा जीवन का गूढ़ सत्य,
जो शरीर और आत्मा के बीच एक अदृश्य संबंध था।
उनकी तपस्या से प्रकृति के रहस्यों का उद्घाटन हुआ,
हर कण, हर तत्व में भगवान का वास था,
यही उनका विश्वास था।

वेदों में छुपी दवाओं की अनमोल पहचान,
ऋषि-मुनियों ने न केवल उपचार का ज्ञान पाया,
बल्कि उन्होंने आत्मज्ञान और रोग के कारणों को समझा,
यह केवल शारीरिक रोग नहीं, बल्कि मानसिक और आध्यात्मिक विकृति
का परिणाम था।

योग और प्राणायाम, उनकी साधना का आधार,
शरीर के अंदर की ऊर्जा को संतुलित करने का तरीका।
तपस्वियों ने शारीरिक कष्टों से मुक्ति पाने के लिए,
मनुष्य के अस्तित्व के हर आयाम को ध्यान में रखा था।

आयुर्वेद, उनके ज्ञान का एक अनमोल रत्न था,
पौधों, जड़ी-बूटियों और रत्नों का विज्ञान उन्होंने समझा,
रोगों को न केवल बाहरी रूप में, बल्कि अंदर से नष्ट किया,
उनकी चिकित्सा का उद्देश्य था न केवल उपचार, बल्कि जीवन का
संतुलन।

ऋषि-मुनियों ने जब आत्मा और शरीर के रिश्ते को जान लिया,
तभी से चिकित्सा का रूप एक अद्वितीय रूप में आकार लेने लगा।
उनकी साधना में ही था जीवन का सच्चा उपचार,
जो न केवल शरीर को, बल्कि मन और आत्मा को भी शुद्ध करता था।

उनकी चिकित्सा कोई तात्कालिक उपाय नहीं थी,
यह थी जीवन के हर पहलू का निरंतर संतुलन,
कभी विश्राम, कभी प्रयास, कभी आहार और कभी ध्यान,
यही था उनके इलाज का असल मंत्र, जो आज भी जीवित है हमारे बीच।

आयुर्वेद की प्राचीन धरोहर

प्राचीन काल में जब चिकित्सा के विज्ञान का आगाज हुआ,
आयुर्वेद था वह शास्त्र, जो मानव जीवन का आधार बना।
यह न केवल रोगों का उपचार करता था,
बल्कि जीवन के हर पहलू को स्वस्थ और संतुलित बनाता था।

ऋषि-मुनियों की दृष्टि थी समग्र,
शरीर, मन और आत्मा का त्रिवेणी संगम,
हर तत्व से जुड़ा था यह शास्त्र,
जो प्रकृति से मानवता तक सभी के लिए था एक उपहार।

वेदों में छिपे हैं आयुर्वेद के रहस्य,
सूत्रों में मिलती हैं औषधियों की अद्भुत पहचान,
जड़ी-बूटियाँ, रत्न, और अदृश्य शक्तियाँ,
जो प्रकृति से मानव शरीर तक का मार्ग प्रशस्त करती थीं।

महर्षि चरक और सुश्रुत के योगदान से,
आयुर्वेद ने विश्व में अपना स्थान पाया,
चरक संहिता में जीवन के तत्त्वों का गूढ़ वर्णन,
तो सुश्रुत संहिता में शल्य चिकित्सा की कला का उद्घाटन हुआ।

आयुर्वेद में चिकित्सा के अद्भुत उपाय थे,
जैसे पंचकर्म, जो शरीर को शुद्ध और पुनर्जीवित करता,
आहार, विहार, योग, और ध्यान का संगम था,
जिससे रोगों का नाश और स्वस्थ जीवन की प्राप्ति होती थी।

प्राचीन आयुर्वेद की यह धरोहर है अमूल्य,
जिसे हमें संजोकर रखना है, इसे पुनर्जीवित करना है,
क्योंकि यही वह विज्ञान है, जो जीवन को समृद्ध बनाता है,
यह प्रकृति के साथ संतुलन और शांति का मार्ग दिखाता है।

आयुर्वेद की यह प्राचीन धरोहर हमें सिखाती है,
रोगों से नहीं, बल्कि जीवन से लड़ने का तरीका,
हमारा अस्तित्व प्रकृति से जुड़ा है,
और वही हमें जीवन की असली पहचान और उपचार प्रदान करती है।

आक्रमणों के बीच आयुर्वेद का संघर्ष

जब आक्रमणकारियों ने किया भारत पर हमला,
देश की धरती में हाहाकार मचा,
सम्पूर्ण ज्ञान और संस्कृतियों पर था संकट,
लेकिन आयुर्वेद ने न खोया अपना अस्तित्व, न अपनी आस्था।

समय की धारा में गहरे तूफान आए,
विदेशी आक्रांताओं ने संस्कृति को तोड़ा,
लेकिन आयुर्वेद, जो जीवन का साक्षात्कार था,
उसने न केवल संघर्ष किया, बल्कि अपने को सुरक्षित रखा।

महान ऋषि-मुनियों ने बुरे समय में भी,
चिकित्सा के अद्वितीय ज्ञान को जीवित रखा,
आक्रमणकारियों के अत्याचारों के बावजूद,
औषधियों और उपचारों की परंपरा का संरक्षण किया।

जब पुस्तकें जलायी गईं, और शास्त्र नष्ट हुए,
आयुर्वेद का ज्ञान मौखिक परंपरा में सुरक्षित रहा,
चालाकियों और अत्याचारों के बावजूद,
यह ज्ञान मन, शरीर और आत्मा की शक्ति बना रहा।

आक्रमणों के बीच आयुर्वेद का संघर्ष था अपार,
यह न केवल चिकित्सा थी, बल्कि सभ्यता का अभिव्यक्तिकार,
समय के थपेड़ों से यह शास्त्र जिंदा रहा,
और आज भी हमें स्वस्थ और संतुलित जीवन का मार्ग दिखाता है।

आयुर्वेद ने संघर्ष किया न केवल बाहरी शत्रुओं से,
बल्कि आंतरिक विकृतियों से भी, जो समय के साथ आईं,
लेकिन इसका एक अद्वितीय संदेश था,
जो समय, आक्रमण और संघर्ष से परे, जीवन के सिद्धांतों को बचाता था।

यह संघर्ष न केवल चिकित्सा का था,
यह था सभ्यता, संस्कृति, और जीवन की पहचान का,
आयुर्वेद ने अपने अस्तित्व को पुनर्जीवित किया,
और हमें यह सिखाया कि जीवन को संतुलित और समृद्ध बनाना हमारी
जिम्मेदारी है।

आधुनिक युग में आयुर्वेद का पुनरुत्थान

वर्षों का दौर बीता, विज्ञान की आंधी आई,
लेकिन आयुर्वेद का ज्ञान न कभी मरा, न ही चुप बैठा।
अतीत की गहरी जड़ों से यह शास्त्र फिर उभरा,
आधुनिक युग में इसकी महिमा फिर से परिभाषित हुई।

रोग न केवल बाहरी थे, बल्कि मानसिक और आंतरिक भी,
और आयुर्वेद ने हर पहलू को सशक्त किया,
संवेदनाओं से लेकर शरीर के रासायनिक तत्वों तक,
यह शास्त्र हर स्तर पर जीवन को समृद्ध करने का मार्ग सुझाता था।

आधुनिक जीवन की भागदौड़ में,
जहाँ शरीर और मन का संतुलन बिगड़ा था,
आयुर्वेद ने प्रकृति के तत्वों से जोड़ने का काम किया,
जिससे पुनः शरीर, मन और आत्मा का सामंजस्य स्थापित हुआ।

योग, प्राणायाम, और आयुर्वेद का सम्मिलन,
शरीर और आत्मा के बीच ऊर्जा का संचार करता,
हमारे शरीर को शुद्ध करने के लिए पंचकर्म,
हर रोग का निवारण और जीवन का नवीनीकरण करता।

वैज्ञानिक शोधों और शोधपत्रों ने प्रमाणित किया,
आयुर्वेद की जड़ी-बूटियाँ और उपचार आधुनिक चिकित्सा में सहयोगी हैं,
दुनिया भर में लोग इसका लाभ उठा रहे हैं,
यह चिकित्सा केवल उपचार नहीं, बल्कि जीवन शैली का हिस्सा बन गई
है।

आधुनिक युग में आयुर्वेद का पुनरुत्थान कोई संयोग नहीं,
यह एक आवश्यकता है, जो हमारी जीवनशैली से जुड़ी है,
न केवल आयुर्वेद, बल्कि इसका दर्शन भी हमें समझाता है,
की स्वस्थ जीवन के लिए हमें प्रकृति से तालमेल बैठाना चाहिए।

आयुर्वेद अब केवल अतीत की धरोहर नहीं,
यह आज की चिकित्सा प्रणाली का अभिन्न अंग बन चुका है,
यह न केवल उपचार करता है, बल्कि जीवन के प्रत्येक पहलू को,
समझने, स्वीकारने और समृद्ध करने का मार्ग दिखाता है।

भाग 3
आयुर्वेद के अंग और चिकित्सा

काय चिकित्सा: तन का उपचार

तन की गहरी जड़ों में,
विज्ञान की गुफाओं में,
आयुर्वेद की रहनुमाई सुकून का रास्ता दिखाती है।

यह केवल रक्त या हड्डियाँ नहीं,
यह एक जटिल तंतु है,
जो आत्मा और शरीर के बीच पुल बनाता है।
हर अंग में समाया हुआ जीवन,
हर श्वास में छुपी ऊर्जा।

बाहरी उपचार से कहीं अधिक,
यह तन के भीतर की गूढ़ बातें समझता है,
समझता है, दर्द से अधिक महत्वपूर्ण है शांति,
रोग से अधिक महत्त्वपूर्ण है संतुलन।

कभी तेल की मालिश,
कभी जड़ी-बूटियों की सटीक मिलावट,
हर उपचार तन को नया जीवन देने का वादा करता है।

यह आयुर्वेद का किचन नहीं,
यह तो प्राकृतिक साम्राज्य का मंदिर है,
जहां हर उपचार,
हमारी चेतना को जुड़ने का अवसर देता है।

सपनों के बीच,
आयुर्वेद का छिपा हुआ विज्ञान हमें दिखता है,
काय चिकित्सा, तन का उपचार,
एक अदृश्य रेखा है जो हमें अनंत से जोड़ती है।

शल्य चिकित्सा: सर्जरी का प्राचीन विज्ञान

चमत्कारी शल्य,
जिन्हें शास्त्रों में संजोया गया,
सुई, चाकू, और यंत्र नहीं,
बल्कि साधना और समर्पण की विद्या।

कृपण आरी से भी तीव्र,
सुई की धार से भी तेज,
यह विज्ञान पुरानी धरती की गूढ़ धारा है,
जो मानवता को प्राचीन काल से बांधता है।

गहरी छेदन की कला,
नवीन जीवन का प्रारंभ,
नाड़ी के भीतर की हर नब्ज को जानना,
यह केवल कटाई नहीं,
यह तन और मन के संतुलन को समझना है।

जड़ी-बूटियों का रस,
धातुओं का मिश्रण,
शल्य चिकित्सा ने हर घाव को उपचारित किया,
हर जीव को नई दिशा दी।

याद रखें,
यह केवल शल्य क्रिया नहीं,
यह तन को पुनः पुनर्जीवित करने की पूजा है।
आधुनिक युग में जहाँ मशीने चलती हैं,
वहीं आयुर्वेद का शल्य चिकित्सा,
हमें याद दिलाता है,
हमेशा हर उपचार में आत्मा की भूमिका होती है।

बाल चिकित्सा: नन्हें जीवन की रक्षा

नन्हे-नन्हे कदम,
जो अभी संसार की राह पर चलने लगे हैं,
हर सांस में नयी उम्मीद,
हर धड़कन में नये सपने।

आयुर्वेद का हाथ,
संगठन और सुरक्षा का अनमोल काव्य,
बालकों के कोमल शरीर में
जीवन के कच्चे बीजों को पोषित करता है।

चंचल, निरंतर बढ़ते शरीर में,
नवजीवन को दिशा देने की कला,
यह केवल उपचार नहीं,
यह स्नेह और देखभाल का सम्मिलन है।

हर छोटी समस्या,
जैसे ठंड या बुखार,
आयुर्वेद की जड़ी-बूटियों से
कभी न खत्म होने वाली शांति पाती है।

यह चिकित्सा नहीं,
एक अदृश्य धागा है,
जो बालकों के दिल को
सुरक्षा, ताकत और स्वस्थ भविष्य से जोड़ता है।

सभी रोगों से लड़ने के लिए,
हमें नन्हे जीवन को
आयुर्वेद के आंचल में सँभालना होगा,
ताकि उनका हर कदम,
स्वास्थ्य और खुशी के नए रास्ते पर बढ़े।

मानसिक रोगों की चिकित्सा की गाथा

मन के भीतर की गहरी अंधेरों में,
जहां शब्द भी थक जाते हैं,
वहां एक अलग प्रकार की चिकित्सा है,
जो सिर से लेकर दिल तक,
हर भावना, हर विचार को सहेजती है।

यह आयुर्वेद का अनदेखा पक्ष है,
जहां तन के साथ-साथ मन को भी समर्पित किया जाता है।
जड़ी-बूटियाँ नहीं,
बल्कि आत्मा की समझ,
दर्द की भाषा को पहचानने की शक्ति,
यह गाथा है मन की गहरी चिकित्सा की।

मानसिक संतुलन खो जाने पर,
आयुर्वेद हमें बताता है,
कैसे तंत्रिका तंत्र को फिर से जागृत किया जाए,
कैसे हर्मोनल असंतुलन को शांत किया जाए।

यह कोई साधारण उपचार नहीं,
यह एक कविता की तरह है,
जो मन के अंधकार को उजालों में बदल देती है।
हर घबराहट को समझने का तरीका,
हर उदासी के नीचे छिपी उम्मीद की पहचान।

मन की चुप्प को अनलॉक करना,
उसकी गहरी गुफाओं में जाकर
उसे शांत करना,
यही आयुर्वेद की मानसिक चिकित्सा का रास्ता है।

यह कोई मर्मज्ञ चिकित्सा नहीं,
यह तो वह यात्रा है,
जो हमें अपने भीतर की ताकत को पहचानने,
और मानसिक शांति की ओर बढ़ने के लिए प्रेरित करती है।

वृद्धावस्था में आयुर्वेद का सहारा

समय के साथ,
शरीर की रचनाएँ धीरे-धीरे अपना रास्ता बदलती हैं,
हड्डियाँ कमजोर होती हैं,
चिंता के बादल घेरने लगते हैं।
लेकिन आयुर्वेद,
समय की नजदीकी से समझता है,
कि वृद्धावस्था एक नया अध्याय है,
एक साधना का दौर,
जो जीवन के समापन को नहीं,
नवीनता को छूने का अवसर देता है।

आयुर्वेद ने बताया है,
कैसे दिनचर्या में संतुलन लाया जाए,
कैसे आहार और विहार से,
वृद्धावस्था को सुगम और आरामदायक बनाया जाए।
हर जड़ी-बूटी,
हर पत्ते की छाँव,
वृद्ध शरीर को राहत पहुँचाती है,
नए जीवन की ऊर्जा का संचार करती है।

यह केवल शारीरिक देखभाल नहीं,
मन और आत्मा की भी देखभाल है,
जहां आयुर्वेद हमें सिखाता है,
कि वृद्धावस्था में सबसे ज़रूरी है–
धैर्य, संतुलन और शांति।

वृद्धावस्था के दर्द को,
आयुर्वेद की चिकित्सा में आशा बनाना,

हड्डियों और जोड़ो को सहारा देना,
यह आयुर्वेद का वादा है–
हर दिन को नये उत्साह और ऊर्जा से भरने का।

यह सिर्फ शरीर नहीं,
यह एक समग्र जीवन की कला है,
जो हमें यह सिखाती है–
वृद्धावस्था का हर क्षण,
शांति और स्वास्थ्य की ओर बढ़ने का है।

भाग 4
आयुर्वेदिक सिद्धांत और प्रक्रियाएँ

पंचकर्म: शरीर शुद्धि के पांच मार्ग

पंचकर्म, वह पांच द्वार,
जो खोलते हैं जीवन की गहरी रहनुमाई।
शरीर की हर कुपथ, हर विषाक्तता,
जैसे एक नदी को शुद्ध करने का उपक्रम।

पहला मार्ग–वमन,
विषाक्त उच्छवासों का प्रवाह।
जीवन की नालियों को बहाकर,
स्वस्थता की नवा कसे फिर एक नई शुरुआत।

दूसरा, विरेचन
जो पेट की गहराई से निकलता है,
दर्द और मलिनता को दूर करता,
स्वस्थता की ओर बढ़ता एक मार्ग।

तीसरा, बस्ति,
शरीर में हर गहरे भाग तक पहुँचता,
संगीन मल और कष्ट को निकालता,
एक नया उर्जा संचय कर वापस लाता।

चौथा, नस्य,
सिर में तेल की सीरी,
सिर की बीमारियाँ दूर करता,
मस्तिष्क को ताजगी से भरता।

पाँचवाँ, रक्तमोक्षण
रक्त में छुपे अव्यक्त कष्ट को पहचानकर,
निकालता है उसका अभिशाप,

और जीवन को फिर से शुद्ध करता।

यह पंचकर्म, पाँच मार्ग,
आयुर्वेद के रहस्यों की गाथा।
कभी धीमे, कभी तीव्र,
पर शरीर की शुद्धि का, हर कदम, एक उच्च मार्ग।

धातु, मल और दोष का संतुलन

धातु, मल और दोष–
शरीर के तीन अनिवार्य तत्व,
जिनमें हर एक का अस्तित्व जरूरी,
तभी तो जीवन चलता है सच्चे संतुलन में।

सात धातु, जो शारीरिक संरचना का आधार,
रस, रक्त, मांस, मेद, अस्थि, मज्जा, शुक्र
इनके स्वस्थ होने से बनती है ताकत,
शरीर रूपी किला की हर परत होती मजबूत

मल, शरीर का निष्कासन,
जो भीतर के विष को बाहर लाता,
मल, मूत्र, पसीना,
हर एक का अपना स्थान और कार्य।
जितनी जल्दी यह बाहर निकलते,
उतना ही बेहतर रहता जीवन का संतुलन।

दोष–वात, पित्त और कफ,
जीवन का वेग, गति और संतुलन।
वात का स्वाभाविक प्रवाह,
पित्त का उर्जा और ताप,
कफ की स्थिरता, संतुलन और स्नेह–
इनके बीच जो संतुलन बनता,
वही स्वस्थ जीवन की कुंजी है।

जब ये तीन मिलकर अपना कार्य करते,
शरीर में जीवन का संगीत बजता।
धातु से शक्ति, मल से शुद्धि,

और दोष से संतुलन–
इन्हीं के मिलन से बनता है आयुर्वेद का स्वर,
जीवन का संतुलन, शांति का मूल।

यदि कहीं कोई असंतुलन हो,
तो नष्ट होती है शांति,
बीमारियाँ अपने पंख फैलाती हैं।
समझो इन्हें, जानो इनका मार्ग,
संतुलन में ही जीवन का सुख है।

ऊर्जा के स्रोतः ओजस, तेजस और प्राण

ओजस, तेजस और प्राण–
ये तीन शक्तियां, जो जीवन को संजीवित करतीं।
तीनों मिलकर, एक अदृश्य शक्ति का निर्माण करतीं,
जो शरीर और आत्मा के बीच संतुलन बनाए रखतीं।

ओजस,
शरीर की दृढ़ता और प्रतिरोधक क्षमता,
यह शरीर की शक्ति का स्रोत है,
जिससे मनुष्य निरोग रहता है,
अस्थिरता और बीमारी से लड़ने की ताकत देता है।
यह जीवन के रस, संतुलन और आराम का एहसास है,
जैसे शांत समुंदर की गहरी लहरें,
जो किसी भी तूफान को शांत कर देतीं।

तेजस,
यह उस आंतरिक अग्नि का प्रतीक है,
जो ज्ञान, बौद्धिक शक्ति और उत्साह से जलती है।
तेजस से मनुष्य में स्पष्टता आती है,
यह आत्मा के प्रकाश की तरह है,
जो भीतर के अंधकार को नष्ट कर देता है।
यह न केवल सोच की शक्ति है,
बल्कि आंतरिक शक्ति और उद्देश्य का प्रतीक भी है,
जो जीवन को सही दिशा में मार्गदर्शित करता है।

प्राण,
यह जीवन की श्वास, जीवन की ऊर्जा है,
जो हर कोशिका में स्फूर्ति का संचार करती है।
प्राण शक्ति, वह अनदेखी ऊर्जा है,
जो हर श्वास के साथ शरीर में प्रवेश करती है,
और शरीर को जीवनदायिनी बनाती है।
यह जीवन की धारा है,

जो न केवल शारीरिक, बल्कि मानसिक और आत्मिक शुद्धता भी लाती
है।

तीनों मिलकर,
शरीर और आत्मा में निरंतर प्रवाह बनाए रखते हैं,
ओजस की स्थिरता, तेजस का उन्मुक्त ज्ञान,
और प्राण का संजीवनी शक्ति,
जिनसे जीवन सदृढ़ और सम्पन्न होता है।
जब इनका संतुलन सही होता है,
तब ही जीवन के प्रत्येक पहलु में शक्ति,
शांति और समृद्धि का अनुभव होता है।

द्रव्यगुण विज्ञान और औषधियां

द्रव्यगुण विज्ञान, आयुर्वेद का एक महत्वपूर्ण अंग,
जो प्रत्येक पदार्थ के गुणों और प्रभावों का गहन अध्ययन करता।
यह विज्ञान न केवल पदार्थ के शारीरिक गुणों की व्याख्या करता,
बल्कि उनके मानसिक और आत्मिक प्रभावों को भी समझाता है।
हर एक द्रव्य–पानी, आकाश, पृथ्वी, अग्नि–
अपने भीतर विशिष्ट गुणों को संजोए हुए होता है,
जो शरीर और मन की स्थिति को प्रभावित करते हैं।

द्रव्यगुण,
यह पदार्थों के स्वभाव का विवेचन करता है,
जैसे हल्का, भारी, गरम, ठंडा, आर्द्र, शुष्क, ताजगी, भारीपन–
हर द्रव्य का इन गुणों से संपर्क होता है।
द्रव्यगुण से निर्धारित होता है कि कौन सा पदार्थ,
किस रोग या दोष के लिए उपयुक्त होगा,
क्योंकि हर बीमारी का इलाज इन गुणों के माध्यम से किया जाता है।
अर्थात, कोई हल्का और शीतल पदार्थ,
वात और पित्त के दोषों को शांत करने में सक्षम होगा,
जबकि भारी और गर्म पदार्थ,
कफ दोष को नष्ट करने में सहायक हो सकते हैं।

औषधियां,
जो प्रकृति से प्राप्त होती हैं,
हर एक औषधि का भी विशिष्ट द्रव्यगुण होता है।
ये औषधियां शारीरिक स्वास्थ्य को सुधारने,
मानसिक शांति को बनाए रखने,
और आत्मिक ऊर्जाओं को संतुलित करने के लिए प्रयोग में लाई जाती हैं।
औषधियां न केवल शारीरिक रोगों का उपचार करती हैं,
बल्कि मानसिक विकारों और आत्मिक असंतुलन को भी दूर करती हैं।
गिलोय, अश्वगंधा, तुलसी, हरिद्रा–
हर औषधि का द्रव्यगुण, उसके उपचार गुणों से जुड़ा होता है,
जो शरीर को शुद्ध करता है, दोषों को नियंत्रित करता है,
और समग्र स्वास्थ्य को पुनः प्राप्त करता है।

द्रव्यगुण विज्ञान के बिना, औषधियां केवल पदार्थ नहीं होतीं,
वे जीवन के शुद्धिकरण और संतुलन का एक माध्यम बनती हैं।
जैसे एक नदी में जल की शुद्धता को समझकर,
उससे जीवनदायिनी औषधि प्राप्त की जाती है,
ठीक उसी तरह, द्रव्यगुण विज्ञान से औषधियों का प्रभावी उपयोग संभव
होता है।
यह हमें दिखाता है कि प्रत्येक द्रव्य,
प्राकृतिक गुणों और शक्तियों का वाहक है,
जो जीवन को स्वस्थ, निरोग और संतुलित बनाता है।

भोजनः आरोग्य की पहली कड़ी

भोजन, जीवन का आधार,
जो हमें शक्ति, ऊर्जा और स्वास्थ्य प्रदान करता है।
यह केवल पेट भरने का साधन नहीं,
बल्कि शरीर और मन का संतुलन बनाए रखने का स्रोत है।
आयुर्वेद में इसे आरोग्य की पहली कड़ी कहा गया,
क्योंकि यही है वह मार्ग,
जो स्वास्थ्य की ओर हमें ले जाता है।

सात्विक भोजन–
जिसमें ताजगी, शुद्धता और पोषण हो,
यह शरीर को न केवल ताकत देता है,
बल्कि मन को भी शांति और स्थिरता प्रदान करता है।
जो भोजन जीवन से मेल खाता है,
वह न केवल हमें ताजगी से भरता है,
बल्कि रोगों से भी दूर रखता है।
ताजे फल, सब्ज़ियाँ, अनाज, दालें–
ये भोजन के तत्व हैं, जो शरीर में ऊर्जा का संचार करते हैं,
साथ ही मन को भी सकारात्मकता से भरते हैं।

वात, पित्त और कफ–
इन दोषों का संतुलन बनाए रखने के लिए,
भोजन का चुनाव अत्यंत महत्वपूर्ण है।
हमें यह समझना चाहिए कि क्या हमारा भोजन हमारे शरीर के दोषों से
मेल खाता है।
गर्म, ताजे, हल्के और सौम्य भोजन–
यह वात दोष को शांत करता है,
गरम और ताजगी से भरा हुआ भोजन पित्त को नियंत्रित करता है,
और भारी, स्थिर और ठंडा भोजन कफ के संतुलन में मदद करता है।

भोजन का समय भी महत्वपूर्ण है–
नियमित समय पर खाना,
पेट को आराम और शरीर को संतुलन प्रदान करता है।

पाँच भाग में भोजन लेना,
शरीर को उचित पोषण और हर तत्व की
आवश्यकता पूरी करता है।

संगत भोजन–
जो हर समय और हर मौसम में उचित होता है,
यह शरीर के लिए लाभकारी होता है।
भोजन का संयोजन,
उसके गुणों को बढ़ाता है और उसका प्रभाव
 दोगुना कर देता है।
भोजन के साथ साथ, आहार की विधि भी महत्वपूर्ण है–
धीरे-धीरे चबाना,
पूरा आहार पचने का समय देना,
यह भी आरोग्य को बढ़ाने में सहायक है।

आयुर्वेद के अनुसार, भोजन है जीवन की नींव,
जो हमें ऊर्जा, शक्ति और संतुलन प्रदान करता है।
जब यह सही समय, संयोजन और स्वभाव में होता है,
तब वह आरोग्य की दिशा में पहला कदम बनता है।
स्वस्थ भोजन ही स्वस्थ जीवन की शुरुआत है,
जिससे हम शरीर और मन को स्वस्थ रख सकते हैं।

भाग 5
आयुर्वेद के देवता और ऋषि

भगवान धन्वंतरि: आयुर्वेद के जनक

आशीर्वाद से भरे हाथों में
कभी न खत्म होने वाली चिकित्सा का रहस्य,
धन्वंतरि, भगवान,
जिन्होंने जीवन को शुद्धता की राह दिखाई।

सागर मंथन से निकली अमृत का एक अंश
तुम्हारी देह में समाहित हुआ,
जिससे न केवल शारीरिक,
बल्कि मानसिक और आत्मिक शांति भी प्राप्त हुई।

आयुर्वेद के मूल में बसी तुम्हारी दृष्टि,
जो हर रोग के उपचार से परे
समग्र स्वास्थ्य की बात करती है।
वो सत्य, वो तत्वज्ञान,
जो जीवन के हर पहलू को संतुलित करता है।

न केवल दवाइयाँ,
बल्कि जीवन जीने का तरीका,
शरीर, मन और आत्मा के बीच संतुलन,
तुम्हारे योगदान से मानवता को मिला।

धन्वंतरि, तुम एक देवता नहीं,
समझने की एक अनंत गहराई हो,
जिसे हर मानव जीवन में अपनाए
और अपने अस्तित्व को समग्र रूप से साधे।

तुम्हारी वाणी,
तुम्हारा विज्ञान,
नहीं सिर्फ चिकित्सा,
बल्कि एक आस्था, एक विश्वास बनकर
हमारी धरोहर बन चुका है।

महर्षि चरक का अद्भुत ज्ञान

समय के साथ अनंत ज्ञान की परतें उधड़ीं,
महर्षि चरक ने जो मार्गदर्शन दिया,
वह न केवल आयुर्वेद की बुनियाद था,
बल्कि जीवन के हर पहलू को समझने का दीपक था।

उन्होंने बताया, शरीर और मन का एक गहरा संबंध,
जिन्हें हम अक्सर अनदेखा करते हैं,
उन्हें एक-दूसरे से अलग नहीं,
बल्कि एक-दूसरे में समाहित देखा।

उनका ज्ञान केवल औषधियों तक सीमित नहीं,
वह जीवन जीने की कला,
वह मानसिक शांति,
वह आहार और विहार के संतुलन की समझ थी।

आयुर्वेद के हर सिद्धांत में
वह समग्रता की बात करते थे,
जिसे एक स्वस्थ शरीर और सुखी जीवन का आधार माना।
धैर्य, संतुलन और साधना
उनकी चिकित्सा का अभिन्न हिस्सा था।

उनके शब्दों में था सागर सा ज्ञान,
जो न केवल रोगों को,
बल्कि हमारे अस्तित्व को भी,
समझने की एक नई दृष्टि देता था।

महर्षि चरक का अद्भुत ज्ञान,
हमारे जीवन को सरल और प्राकृतिक बनाता है,
जहां हर तत्व, हर शक्ति,
एक दिव्य समंजस्य में बंधी हुई है।

महर्षि सुश्रुत: सर्जरी के जनक

हजारों वर्षों पहले,
जब चिकित्सा का मार्ग कठिन था,
महर्षि सुश्रुत ने देखा जीवन के भीतर
वह शक्ति, जो शरीर के हर घाव को सहेज सके।

वह थे सर्जरी के जनक,
जिन्होंने औजारों को, हाथों की कला को,
और दिमाग की सूक्ष्मता को जोड़ा,
रोगमुक्ति का नया मार्ग प्रशस्त किया।

उनकी दृष्टि में हर रोग एक अध्याय था,
जिसे सही ढंग से पढ़ने की जरूरत थी।
सर्जरी का विज्ञान केवल काटने-सीलने तक सीमित नहीं,
बल्कि शरीर की संरचना को समझने की गहरी प्रक्रिया थी।

उनके द्वारा किए गए शल्य चिकित्सा के प्रयोग
आज भी आधुनिक विज्ञान के पथप्रदर्शक हैं,
वे जानते थे, हर घाव का इलाज सिर्फ बाहरी नहीं,
भीतर से उसकी प्रकृति को समझना जरूरी था।

सुश्रुत ने दिखाया, कि चिकित्सा केवल औषधि नहीं,
कभी-कभी कलेजे का साहस चाहिए होता है।
कभी-कभी नज़ाकत से,
और कभी-कभी दृढ़ नायकता से,
हर जीवन को बचाने का प्रयास होता है।

महर्षि सुश्रुत का ज्ञान,
सर्जरी में केवल हाथों का नहीं,
बल्कि दिल और दिमाग का भी काम था।
उनकी विरासत, आज भी जीवित है,
जहां हर शल्य प्रक्रिया में जीवन की गहरी समझ बसी है।

महर्षि वाग्भट की अनमोल धरोहर

जब जीवन की राह पर संदेहों के बादल छाए,
महर्षि वाग्भट ने आयुर्वेद के गहरे सागर से
ज्ञान के मोती निकाले और उसे
हम तक पहुँचाया।

उनकी वाणी में गूंजता था प्रकृति का स्वर,
हर आयुर्वेदिक सिद्धांत में एक संदेश छिपा था:
सम्पूर्ण स्वास्थ्य में न केवल शरीर,
बल्कि मन और आत्मा का संतुलन आवश्यक है।

वाग्भट ने समझाया,
कि रोग केवल शारीरिक विकृति नहीं,
वह हमारे आहार, हमारे विचारों,
और हमारी जीवनशैली की परतों में बसता है।
उनके शब्दों में था जीवन जीने का सार,
जो आज भी आयुर्वेद की सबसे महत्त्वपूर्ण धरोहर है।

उन्होंने "अष्टांग हृदय" के माध्यम से
संपूर्ण चिकित्सा का सूत्र प्रस्तुत किया,
जहां प्रत्येक दोष, प्रत्येक उधार और तत्व
किसी गहरे और दिव्य रहस्य से जुड़ा था।

महर्षि वाग्भट ने हमें बताया,
कि उपचार का कोई एक तरीका नहीं,
यह तो हर व्यक्ति के लिए,
उसकी प्रकृति, उसके जीवन के समय और स्थान के अनुसार होना
चाहिए।

उनकी अनमोल धरोहर आज भी
हमारी चिकित्सा पद्धतियों की धारा को गहराई देती है,
जहां हर तत्व, हर आयुर्वेदिक उपचार,
समग्रता के सिद्धांत पर आधारित है।

वाग्भट का ज्ञान,
हमेशा जीवन के हर पहलू को
सद्प्रति और संतुलन के मार्ग पर चलने के लिए प्रेरित करता रहेगा।

महर्षि काश्यप का कौमारभृत्य

प्राचीन आयुर्वेद के एक अद्वितीय मर्मज्ञ,
महर्षि काश्यप ने बाल्यावस्था के रहस्यों को उजागर किया।
उनकी विद्वत्ता से परिपूर्ण "कौमारभृत्य"
बाल रोगों का इलाज और शारीरिक-मानसिक विकास की एक अद्भुत
धारा बनी।

उन्होंने बालकों के शरीर और मन की नाजुकता को समझा,
और उन रोगों की चिकित्सा दी,
जो उनके विकास में रुकावट डालते थे।
आहार-विहार, दिनचर्या और चिकित्सा के सिद्धांतों को
कौमारभृत्य में एकत्रित किया,
ताकि हर बच्चे का जीवन समृद्ध और स्वस्थ हो सके।

महर्षि काश्यप के दृष्टिकोण में था,
कि बालकों का स्वास्थ्य केवल शारीरिक नहीं,
उनका मानसिक और सामाजिक विकास भी उतना ही महत्वपूर्ण है।
वह जानते थे, हर बच्चा एक कोमल पौधा है,
जिसे पोषण, देखभाल और सही दिशा चाहिए,
ताकि वह एक मजबूत व समृद्ध वृक्ष बन सके।

उनकी शिक्षाएँ आज भी जीवित हैं,
जैसे शिशुओं को दूध पिलाने से लेकर,
उनके मानसिक स्वास्थ्य तक के उपायों को,
उन्होंने अपने ग्रंथों में समेटा था।

महर्षि काश्यप का कौमारभृत्य,
आज भी बच्चों के इलाज और उनकी समग्र देखभाल में एक अमूल्य
धरोहर है,
जो हमें याद दिलाती है,
कि स्वास्थ्य का वास्तविक अर्थ हर आयु के हिसाब से बदलता है।

भाग 6
आयुर्वेद और प्रकृति

जड़ी-बूटियों का गुणगान

प्रकृति की गोदी में बसी,
चुपचाप उगती हैं जड़ी-बूटियाँ,
जिन्हें कोई न देखे, फिर भी वे
संतुलन का गीत गाती हैं।

धरती की महक, आकाश की छांव,
जल की शांति में पनपी ये पत्तियाँ,
हर पंखुड़ी, हर जड़, हर शाक,
जीवन को प्राण दे, हर रोग को हराए।

हमें याद नहीं रहता,
कि वे कितनी गहरी हैं,
मनुष्य की पहचान से भी पहले,
इनकी भूमिका कितनी महान है।

हल्दी की मृदुता, तुलसी का स्वाद,
नीम की ताजगी, अदरक का तीखापन,
ये हर घर में बसी हैं,
सदियों से चलती आ रही हैं।

माँ की रसोई में बसीं ये सौंधी सी खुशबू,
आयुर्वेद के ज्ञान में पंख फैलाती हैं।
इनकी शक्ति अदृश्य है,
पर इसका असर सशक्त और अनन्त है।

कभी सोचो,
जड़ी-बूटियाँ सिर्फ़ औषधियाँ नहीं हैं,
वे प्रकृति के संदेशवाहक हैं,
जो जीवन को सरल, और बेहतर बनाती हैं।

ऋतुचक्र और स्वास्थ्य का संतुलन

प्रकृति की हर धारा, हर लय,
हमें सिखाती है संतुलन का राज़,
ऋतुचक्र के बदलाव में बसी,
स्वास्थ्य की सच्ची पहचान है।

गर्मियाँ लाती हैं ऊर्जा,
ताजगी और तेज़ी की भावना,
पर सही आहार और विश्राम से,
शरीर को शीतल बनाए रखना जरूरी है।

बरसात की भीगी हवाएँ,
जगाती हैं नयापन, नमी का एहसास,
लेकिन इस समय के वायु परिवर्तन में,
सर्दी-खांसी का जोखिम बढ़ जाता है।

सर्दी में जब ठंडी हवाएँ चलती हैं,
तो ताजगी की बजाय शरीर में शिथिलता आती है,
आहार में गरमी की चीज़ें शामिल करें,
ताकि शरीर को अंदर से गर्मी मिले।

वसंत का मौसम नई उम्मीदें लाता है,
मन और शरीर दोनों को ताजगी का एहसास होता है,
हर ऋतु में हमें अपनी जीवनशैली को बदलना,
ताकि हम ऋतु के साथ सामंजस्य बिठा सकें।

स्वास्थ्य की सच्ची कुंजी है,
ऋतुचक्र से समझौता नहीं,
बल्कि उस चक्र के साथ मिलकर
जीवन को संतुलित और स्वस्थ बनाना।

आयुर्वेद: प्रकृति का आशीर्वाद

प्रकृति के झरनों से झरता,
जीवन का अमृत,
हर पत्ती, हर जड़, हर फूल,
संग्रहित करता युगों का विज्ञान।

धरती के गहरे गर्भ में छुपे
रहस्य,
सूरज की गर्मी में पकती
ऊर्जा,
चाँदनी की ठंडक में नहाती
शांति,
सब समाहित है इसमें।

आयुर्वेद,
एक सरल स्वर,
जो सुनाता है आत्मा और शरीर की कथा।
कहता है,
जीवन का आधार है संतुलन,
प्रकृति से जुड़ाव।

ना कोई प्रयोगशाला,
ना कोई रसायन,
सिर्फ वृक्षों की छांव,
और मिट्टी की गंध।
बस यही तो है आयुर्वेद।

जब धमनियों में दौड़ता है विष,
और मस्तिष्क में भर जाती है धुंध,

आयुर्वेद का स्पर्श बनता है
जीवन की नई किरण।

यह विज्ञान नहीं,
यह कला है जीने की।
यह उपचार नहीं,
यह आत्मा का

पर्यावरण और जीवनशैली का मेल

जीवन की धारा जब प्रकृति से जुड़ती है,
तो हर कदम पर संतुलन का अनुभव होता है,
जब हम वातावरण से समझौता करते हैं,
तब जीवन में शांति और सुख का संचार होता है।

धरती का हर रंग, हर आभा,
हमारे स्वास्थ्य का आधार बनता है,
स्वच्छ वायु, निर्मल जल, और हरी-भरी हरियाली,
ये सब जीवनशैली में सजीवता लाती हैं।

कभी सोचो, जब हम प्रदूषण फैलाते हैं,
क्या हम अपनी जीवनशैली को हानि नहीं पहुँचाते?
कभी हम प्रकृति को अपनी मित्र मानें,
तो उसका आशीर्वाद जीवन में दिखाई देता है।

हमारी छोटी-छोटी आदतें, जैसे जल बचाना,
कूड़ा कचरा कम करना,
प्राकृतिक संसाधनों का समझदारी से प्रयोग,
इन्हें अपनाकर हम पर्यावरण को भी बचा सकते हैं।

पर्यावरण और जीवनशैली का मेल,
एक दूसरे का पूरक बनता है,
जब हम सही तरीके से जीते हैं,
तो प्रकृति हमें आशीर्वाद देती है।

अगर हम अपनी दिनचर्या को प्रकृति के साथ जोड़ें,
तो एक नया युग आ सकता है,
जहाँ जीवन और पर्यावरण दोनों साथ चलें,
और हर कदम पर हमें संतुलन और स्वास्थ्य का एहसास हो।

वनस्पतियों की रक्षा का संदेश

धरती के हरे गहनों,
पेड़ों और पौधों का अद्भुत संसार,
जो हमारे जीवन का आधार हैं,
उनकी रक्षा करना हमारा कर्तव्य है।

हर पत्ता, हर शाखा, हर फूल,
हमें जीवन देने वाले अनमोल रत्न हैं,
इनकी बिना, प्रकृति का अस्तित्व,
मूल्यों से खाली होगा, सुनसान होगा।

वृक्षों से मिलती है शुद्ध हवा,
उनकी जड़ों से धरती को मजबूती,
इनकी छांव से राहत,
और फूलों से आत्मा को शांति।

लेकिन हम भूल जाते हैं,
जब हम इनसे खेलते हैं, इनकी हत्या करते हैं,
तो हम अपने ही अस्तित्व को खतरे में डालते हैं।
यदि यह न रहें, तो जीवन की बुनियादी धारा रुक जाएगी।

हर कदम पर, हर सोच में,
हमें यह याद रखना चाहिए,
वनस्पतियाँ केवल सजावट नहीं,
वे जीवन का प्रतीक हैं, संरक्षण की आवश्यकता है।

आओ, इस पृथ्वी पर हर वृक्ष को जीवन दें,

पेड़ों की शाखाओं को सहारा दें,
जड़ी-बूटियों और पौधों को बचाकर,
हम अपने और आने वाली पीढ़ियों के लिए
एक हरा-भरा भविष्य सुनिश्चित करें।

वृक्षों की रक्षा से हम न केवल प्रकृति को बचाते हैं,
बल्कि खुद को भी बचाते हैं,
आओ, इस संदेश को फैलाएँ,
वनस्पतियों की रक्षा करें,
और धरती को हरियाली से भर दें।

समाज और आयुर्वेद

आधुनिक चिकित्सा और आयुर्वेद

आधुनिक विज्ञान की चमचमाती रौशनी में,
समय की धारा तेज़ हो गई है,
पल-पल बढ़ते हुए आंकड़े,
नई दवाएँ, नया इलाज,
यह आधुनिक चिकित्सा का संसार है,
लेकिन क्या यह सब सच्चे उपचार का प्रतीक है?

आयुर्वेद की शांति से भरपूर धारा,
प्रकृति से सजी हुई, गहरी जड़ों से जुड़ी,
आत्मा की संतुलन की खोज,
जीवित रहने का अद्भुत तरीका।
वह न केवल शरीर,
बल्कि मन और आत्मा का भी उपचार करता है,
इसमें केवल दवाएँ नहीं,
बल्कि सोच, समझ और दृष्टिकोण भी है।

आधुनिक चिकित्सा के पास
ताकत है, नये तकनीकी उपाय हैं,
लेकिन कहीं न कहीं,
वह हमारे अंदर के संतुलन को खो देता है,
यह एक दौड़ है,
समय की रेस में,
लेकिन आयुर्वेद चुपचाप हमें सिखाता है,
समय को धीरे-धीरे जीने का,
अपने शरीर की बातें समझने का।

आधुनिक चिकित्सा और आयुर्वेद
दोनों के बीच एक अदृश्य दूरी है,
कभी-कभी यह एक दूसरे को न समझे,
लेकिन दोनों का उद्देश्य एक ही है–
स्वास्थ्य की खोज।
आधुनिक चिकित्सा के पास उन्नति है,

आयुर्वेद के पास अनुभव और परंपरा,
एक दूसरे से सीखने की आवश्यकता है,
ताकि जीवन को संतुलित और समृद्ध किया जा सके।

समाज की परिपाटी में,
यह दो पद्धतियाँ मिल सकती हैं,
एक ऐसी धारा में बह सकती हैं,
जहां ज्ञान, विज्ञान और परंपरा का मिलन हो।
हर व्यक्ति को अपने शरीर की सुनने की जरूरत है,
तभी दोनों चिकित्सा पद्धतियाँ,
सच्चे स्वास्थ्य की ओर कदम बढ़ा सकती हैं।

जीवनशैली में आयुर्वेद का प्रवेश

आज की तेज़-तर्रार दुनिया में,
जैसे-जैसे हम विकास की ओर बढ़ते जाते हैं,
हम अपने अंदर की शांति खोने लगे हैं,
मकान और मॉल के बीच,
जीवन का संतुलन कहीं न कहीं छूट गया है।
लेकिन आयुर्वेद ने हमें याद दिलाया,
कि शरीर और मन का संतुलन,
प्रकृति के साथ एक गहरे संबंध में है।

आयुर्वेद का प्रवेश,
हमारे जीवन में एक नई धारा लाता है,
वह सिर्फ औषधि नहीं,
बल्कि एक सोच है,
जीने का तरीका है।
यह हमें सिखाता है,
कैसे अपने आहार,
व्यायाम और मानसिकता को संतुलित करें,
ताकि जीवन में निरंतर ऊर्जा और शांति बनी रहे।

आधुनिक जीवनशैली में,
जैसे हम सारा दिन स्क्रीन के सामने बिता रहे हैं,
आयुर्वेद हमें याद दिलाता है,
कभी सूर्यास्त से पहले रात्रि का भोजन,
रात को अच्छे से सोना,
निरंतर योग और प्राणायाम,
शरीर को शुद्ध करने की साधना।
इन छोटी-छोटी आदतों से,
हम अपना जीवन बेहतर बना सकते हैं।

आयुर्वेद का आदान-प्रदान,
अब सिर्फ एक चिकित्सा पद्धति नहीं,
बल्कि जीवन की एक शैली बन चुका है।

यह हमें सिखाता है कि हम
प्राकृतिक अवयवों के साथ अपना आहार बनाएँ,
ताकि शरीर को न केवल पोषण मिले,
बल्कि जीवन में ऊर्जा का संचार हो।
हमारा मन, शरीर और आत्मा,
सभी एक-दूसरे से जुड़े हैं,
और आयुर्वेद हमें यही समझाता है।

आज, जब हम आयुर्वेद को
अपनी जीवनशैली में अपनाते हैं,
तो हम न केवल स्वस्थ रहते हैं,
बल्कि अपने अस्तित्व को भी एक नई दिशा देते हैं।
यह जीवन का एक सरल, लेकिन गहरा तरीका है,
जिससे हम हर दिन को नए उत्साह और शांति से जी सकते हैं।

समाज के लिए आरोग्य का संदेश

हमारी दुनिया में भाग-दौड़ और व्यस्तता ने,
स्वास्थ्य को एक बोझ बना दिया है,
जिसे हम अक्सर अनदेखा करते हैं।
लेकिन जब तक शरीर में कोई आहट नहीं होती,
तब तक हम उसे समझते नहीं,
सच्चाई यही है कि
स्वास्थ्य का मूल्य,
हम तब तक नहीं जान पाते,
जब तक वह हमें दूर नहीं हो जाता।

आरोग्य केवल एक शारीरिक अवस्था नहीं,
यह एक मानसिक, भावनात्मक और आध्यात्मिक स्थिति है।
समाज में स्वस्थ जीवनशैली को अपनाने की आवश्यकता है,
ताकि हम न केवल अपने लिए,
बल्कि अपनों और समाज के लिए भी
शरीर, मन और आत्मा के बीच संतुलन बना सकें।

आयुर्वेद हमें यह सिखाता है कि
प्राकृतिक तत्वों से मेल बैठाना,
स्वस्थ आहार, नियमित व्यायाम और मानसिक शांति
हमारे जीवन को नया दृष्टिकोण देते हैं।
यह संदेश केवल औषधियों तक सीमित नहीं,
बल्कि हमारे विचारों, कार्यों और भावनाओं में भी समाहित है।

समाज में आरोग्य का संदेश यह है
कि हम सब अपनी आदतों को बदलें,
सकारात्मक सोच अपनाएँ,
संगति से व्यायाम करें,

और अपने आहार में प्राकृतिक तत्वों को स्थान दें।
समाज को स्वस्थ रखने के लिए
हमारी जिम्मेदारी है कि
हम स्वयं स्वस्थ रहें और दूसरों को भी जागरूक करें।

स्वास्थ्य के इस संदेश को,
हर व्यक्ति तक पहुँचाना है,
ताकि हम सभी मिलकर
एक समृद्ध और स्वस्थ समाज का निर्माण करें,
जहां शरीर, मन और आत्मा की शांति,
हर एक की प्राथमिकता हो।

चिकित्सा का भारतीय मार्ग

भारतीय चिकित्सा पद्धतियाँ,
प्राचीन काल से ही जीवन के हर पहलू से जुड़ी हुई हैं,
यहां उपचार सिर्फ रोगों तक सीमित नहीं,
बल्कि आत्मा और शरीर के संतुलन की खोज है।
आयुर्वेद, योग, और प्राकृतिक चिकित्सा,
ये सब हमारे चिकित्सा विज्ञान के अद्भुत अंग हैं,
जो हमें प्रकृति से जोड़ते हैं,
और जीवन के साथ सामंजस्य बनाते हैं।

आयुर्वेद, जो पंचतत्त्वों पर आधारित है,
हमारे शरीर में दोषों को समझता है,
यह न केवल शारीरिक रोगों का इलाज करता है,
बल्कि मानसिक और आध्यात्मिक शांति भी प्रदान करता है।
यहां रोग का कारण केवल लक्षण नहीं,
बल्कि शरीर, मन और आत्मा के असंतुलन में देखा जाता है,
और उपचार उस संतुलन को पुनः स्थापित करने की प्रक्रिया है।

योग, जो शरीर और मन का मिलाजुला रूप है,
एक मानसिक और शारीरिक साधना है,
जो न केवल रोगों को दूर करता है,
बल्कि आत्मा की गहराइयों में जाकर,
शांति और संतुलन की ओर मार्गदर्शन करता है।
यह शरीर को लचीला, मन को स्थिर और आत्मा को जागरूक करता है,
यही है भारतीय चिकित्सा का अद्भुत मार्ग।

प्राकृतिक चिकित्सा, जो हमारे आस-पास के तत्वों से जुड़ी है,
हमारी भूमि, जल, वायु, और सूर्य से ऊर्जा प्राप्त करती है,

यह हमें यथासंभव अपने शरीर को प्राकृतिक उपचारों से संतुलित रखने
की शिक्षा देती है।
हमें केवल अपने जीवन में प्राकृतिक तत्वों को जगह देनी होती है,
ताकि हम सच्चे स्वास्थ्य का अनुभव कर सकें।

भारतीय चिकित्सा का मार्ग सरल है,
यह हमें प्रकृति से जुड़ने,
आत्मा की शांति पाने, और शरीर को स्वस्थ रखने की सीख देता है।
यह रास्ता केवल एक चिकित्सा पद्धति नहीं,
बल्कि जीवन जीने का तरीका है,
जो हमें स्वस्थ, शांत और समृद्ध जीवन की ओर मार्गदर्शन करता है।

विश्व में आयुर्वेद का प्रचार

आयुर्वेद, जो भारत की प्राचीन धरोहर है,
अब विश्व के कोने-कोने में अपनी पहचान बना चुका है।
यह न केवल एक चिकित्सा पद्धति,
बल्कि जीवन जीने का एक तरीका बन गया है,
जो शारीरिक, मानसिक और आत्मिक संतुलन की ओर मार्गदर्शन करता
है।

प्राचीन समय में, आयुर्वेद केवल भारतीय उपमहाद्वीप तक सीमित था,
लेकिन जैसे-जैसे दुनिया छोटी होती गई,
वैसे-वैसे आयुर्वेद ने अपनी यात्रा शुरू की।
अब यह न केवल चिकित्सा के रूप में,
बल्कि जीवनशैली के रूप में भी स्वीकार किया जा रहा है,
हर महाद्वीप में इसके महत्व को समझा और अपनाया जा रहा है।

पश्चिमी देशों में आयुर्वेद का प्रचार,
पहले कुछ संकोच और संदेह के साथ हुआ,
लेकिन धीरे-धीरे वैज्ञानिक शोध और
प्राकृतिक उपचारों की बढ़ती आवश्यकता ने,
इसकी विश्वसनीयता को सिद्ध किया।
आजकल अमेरिका, यूरोप, और ऑस्ट्रेलिया जैसे देशों में,
आयुर्वेदिक उपचार, आहार और योग का व्यापक प्रचार हो रहा है।

विश्वभर में आयुर्वेद के स्कूल, क्लिनिक और रिसर्च संस्थान खुल रहे हैं,
जो न केवल आयुर्वेदिक चिकित्सा पर ध्यान केंद्रित कर रहे हैं,
बल्कि इसके सिद्धांतों और अवधारणाओं को भी
वैज्ञानिक दृष्टिकोण से समझने और लागू करने का प्रयास कर रहे हैं।
आज आयुर्वेद, केवल भारत में नहीं,
बल्कि पूरी दुनिया में एक स्वस्थ जीवन की ओर अग्रसर होने का संदेश दे
रहा है।

आयुर्वेद का प्रचार सोशल मीडिया,
सेमिनारों और अंतरराष्ट्रीय सम्मेलनों के माध्यम से भी हो रहा है।

दुनिया भर में आयुर्वेदिक उत्पादों की बढ़ती मांग,
यह दर्शाती है कि लोग प्राकृतिक, संतुलित और सुरक्षित उपचारों को
पसंद कर रहे हैं।

आयुर्वेद का संदेश केवल शारीरिक स्वास्थ्य से जुड़ा नहीं,
बल्कि यह मानसिक शांति और आध्यात्मिक उन्नति की ओर भी
मार्गदर्शन करता है।
आयुर्वेद की यह यात्रा अब केवल एक पद्धति नहीं,
बल्कि एक विश्वव्यापी आंदोलन बन चुकी है,
जो मानवता के स्वास्थ्य और कल्याण के लिए काम कर रही है।
आयुर्वेद ने यह सिद्ध कर दिया है कि,
प्राकृतिक उपचारों की शक्ति सार्वभौमिक है,
और उसका ज्ञान अब दुनिया के हर कोने तक पहुँचा है।

भाग 8
जीवन के विभिन्न चरण और आयुर्वेद

बाल्यावस्था का पोषण मंत्र

वह छोटे कदमों से कदम मिलाता है,
दुनिया की पहली बार पहचान करता,
नन्हे हाथों में नयापन की चुम्बन है,
जिसे जीवन के पहले मंत्र की तरह स्वीकारता है।

दूध की महक में उगते सपने,
वातावरण में आयुर्वेद का हल्का स्पर्श,
आत्मा की कोमलता में सन्निहित शक्ति,
जो बाल्यावस्था को शुद्ध और सुंदर बनाती है।

मनुष्य के पहले आहार में ही संस्कार छिपे,
आयुर्वेद से सिखाए गए पथ पर बढ़ते हैं वे,
न केवल शारीरिक विकास,
बल्कि मानसिक और भावनात्मक संतुलन की ओर।

यह पोषण न सिर्फ आहार का,
बल्कि आत्मा, तन और मन का संगम है।
जब कोई बच्चा, आयुर्वेद के सिद्धांतों से पोषित होता है,
तब वह जीवन के पहले अध्याय में ही
स्वस्थ और सशक्त बनता है।

शांति और समृद्धि की पहली छांव,
बाल्यावस्था में हमें मिलती है,
जहां पोषण, न केवल भोजन से,
बल्कि प्रकृति और जीवन के तत्वों से होता है।

आयुर्वेद का यह मंत्र,
संगति, संतुलन और विश्राम का मंत्र है,
जो एक स्वस्थ जीवन की शुरुआत करता है,
जैसे फूलों में खिलता है हर रंग,
वैसे ही बाल्यावस्था में हर संवेदना फैलती है।

युवावस्था में संतुलन का विज्ञान

यह एक यात्रा है, जहां मनुष्य नयी दिशाओं में बढ़ता है,
शरीर में ऊर्जा का अद्भुत विस्फोट,
मन में विचारों की तेज़ रफ्तार,
आत्मा में सपनों का समंदर।
लेकिन इस उथल-पुथल में,
आवश्यक है संतुलन का विज्ञान।

आयुर्वेद कहता है,
  "त्रिदोष" का समन्वय जीवन का सार है,
वात, पित्त, कफ के मेल से शरीर संरचित है,
जब इनमें संतुलन होता है,
तो जीवन में सच्ची शक्ति और शांति का संचार होता है।

युवावस्था में, शरीर अपने श्रेष्ठतम रूप में होता है,
लेकिन मानसिक और भावनात्मक उतार-चढ़ाव
इस संतुलन को चुनौती देते हैं।
आयुर्वेद, मानसिक संतुलन के लिए
शरीर को सही आहार, निद्रा, और दिनचर्या की सलाह देता है।

यह समय है, जब परिवर्तन सबसे तेज़ होते हैं,
शरीर और मन के बीच संवाद की आवश्यकता होती है,
आहार से ऊर्जा, प्राचीन योग से शांति,
हर अंग में एक हल्का, फिर भी मजबूत संतुलन।

पानी, वायु, पृथ्वी, अग्नि और आकाश,
इन पांच तत्वों से जुड़ा संतुलन,
युवावस्था में समृद्धि और शक्ति लाता है,
जब शरीर और मन का संपर्क गहरा होता है,
तो जीवन के हर क्षेत्र में उत्कृष्टता संभव होती है।

यह संतुलन, न केवल शारीरिक,
बल्कि मानसिक और आत्मिक होता है,

जब शरीर को पोषण मिलता है,
मन को शांति और आत्मा को उद्देश्य,
तभी युवावस्था सशक्त होती है।

युवावस्था में संतुलन का विज्ञान,
आयुर्वेद का असल उपहार है,
जो हमें न केवल युवा रखता है,
बल्कि जीवन को सही दिशा और गहराई भी देता है।

मातृत्व का आयुर्वेदिक मार्गदर्शन

माँ बनना, एक दिव्य यात्रा है,
जहाँ जीवन का हर चरण प्रेम और देखभाल से निखरता है।
आयुर्वेद इसे एक पवित्र जिम्मेदारी मानता है,
जो न केवल शरीर, बल्कि आत्मा के भी पोषण की आवश्यकता है।

मातृत्व की शुरुआत, उस अज्ञेय क्षण से होती है,
जब गर्भ में जीवन का अंकुरण होता है।
आयुर्वेद की दृष्टि में, माँ और बच्चा दोनों ही
प्राकृतिक ऊर्जा और तत्त्वों से जुड़े होते हैं।
इस यात्रा के हर चरण में संतुलन आवश्यक है,
ताकि शारीरिक, मानसिक और भावनात्मक विकास हो सके।

गर्भावस्था के दौरान,
आयुर्वेद जीवन के सर्वोत्तम आहार की सलाह देता है,
ताकि माँ के शरीर में पर्याप्त पोषण हो,
और बच्चे को भी ताजगी और शक्ति मिल सके।
गर्भवती महिला को हर तत्व से संतुलित आहार की आवश्यकता होती है,
जिससे न केवल शरीर स्वस्थ रहे,
बल्कि मन भी शांत और आत्मा स्थिर हो।

माँ के मानसिक और भावनात्मक स्वास्थ्य का ध्यान रखना,
उतना ही जरूरी है जितना शारीरिक स्वास्थ्य,
आयुर्वेद योग, प्राणायाम और ध्यान की सलाह देता है,
ताकि माँ की मानसिक स्थिति भी संतुलित रहे।

दूधपान की अवस्था में भी आयुर्वेद का मार्गदर्शन मिलता है,
जहाँ माँ को उचित आहार और विश्राम की आवश्यकता होती है,
ताकि वह अपने बच्चे को सम्पूर्ण पोषण दे सके।
साथ ही, माँ के शरीर के पुनर्निर्माण के लिए
आयुर्वेदिक औषधियाँ और घरेलू उपाय सुझाए जाते हैं,
जो शारीरिक थकान को दूर कर, ऊर्जा और ताजगी प्रदान करते हैं।

आयुर्वेद मातृत्व को एक संतुलित और समग्र अनुभव मानता है,
जहाँ शारीरिक, मानसिक और आध्यात्मिक विकास
हर कदम पर एक साथ होता है।
यह मार्गदर्शन हमें न केवल एक स्वस्थ माँ बनने की दिशा में,
बल्कि एक सशक्त और प्रबुद्ध जीवन की ओर भी अग्रसर करता है।

मातृत्व का आयुर्वेदिक मार्गदर्शन,
प्राकृतिक तत्त्वों के संतुलन और प्यार से सजीव होता है,
जो जीवन को एक नये दृष्टिकोण और शक्ति प्रदान करता है।

वृद्धावस्था में आरोग्य का महत्व

वृद्धावस्था जीवन का वह सुंदर अध्याय है,
जहाँ अनुभव और ज्ञान का समृद्ध भंडार होता है,
लेकिन शारीरिक और मानसिक स्वास्थ्य की देखभाल,
इस चरण का सबसे अहम पहलू बन जाता है।
आयुर्वेद, वृद्धावस्था में आरोग्य को सर्वोत्तम धन मानता है,
क्योंकि यह न केवल शरीर को,
बल्कि आत्मा और मन को भी स्थिरता और शक्ति प्रदान करता है।

आयुर्वेद के अनुसार, वृद्धावस्था में शरीर में वात दोष का बढ़ना
स्वाभाविक है,
जो जोड़ों में दर्द, शरीर में अकड़न और मानसिक अस्थिरता ला सकता
है।
इसलिए आयुर्वेदिक उपचार, जैसे तेल से मालिश,
निरंतर व्यायाम, और संतुलित आहार,
शरीर के वात दोष को संतुलित करने में मदद करते हैं।

यह समय है, जब आहार पर विशेष ध्यान देना जरूरी हो जाता है,
ताकि शरीर को पर्याप्त पोषण मिले।
आयुर्वेद, पचने में आसान और हल्के आहार की सलाह देता है,
जैसे हरी सब्जियां, खिचड़ी, और ताजे फल,
जो न केवल शारीरिक स्वास्थ्य को बनाए रखते हैं,
बल्कि ऊर्जा और मानसिक स्पष्टता भी प्रदान करते हैं।

आरोग्य केवल शारीरिक नहीं, मानसिक और भावनात्मक भी होना
चाहिए,
इसलिए आयुर्वेद ध्यान, योग और प्राणायाम को बढ़ावा देता है,
ताकि वृद्धावस्था में व्यक्ति की मानसिक स्थिति मजबूत और शांति बनी
रहे।

अच्छी नींद और संतुलित जीवनशैली के साथ,
आत्मा और मन को ताजगी मिलती है,
जो वृद्धावस्था को भी आनंदमय बना देता है।

वृद्धावस्था में आरोग्य का महत्व इस बात में निहित है,
कि यह जीवन के इस चरण को स्वस्थ, सक्रिय और संतुष्ट बनाता है।
आयुर्वेद हमें याद दिलाता है कि,
स्वास्थ्य एक परम उपहार है,
जो हमें हर आयु में चाहिए,
और वृद्धावस्था में तो इसकी सबसे अधिक आवश्यकता होती है,
ताकि हम जीवन को उसकी पूरी सुंदरता के साथ जी सकें।

जीवन के हर चरण में आयुर्वेद

आयुर्वेद, जीवन के प्रत्येक चरण को एक अनूठे दृष्टिकोण से देखता है,
जहाँ शरीर, मन और आत्मा का संतुलन सबसे महत्वपूर्ण होता है।
यह एक वैज्ञानिक प्रणाली है, जो प्राकृतिक तत्वों के आधार पर
स्वास्थ्य और समृद्धि को बनाए रखने का मार्गदर्शन करती है।
जीवन के हर चरण में आयुर्वेद का महत्व अद्वितीय है,
क्योंकि यह हमें प्राकृतिक तरीके से स्वस्थ और सशक्त बनाए रखता है।

बाल्यावस्था
बाल्यावस्था, जीवन का सबसे कोमल और संवेदनशील समय है,
जहाँ शरीर का विकास तेजी से होता है। आयुर्वेद, इस समय के लिए
संतुलित आहार और जीवनशैली की सिफारिश करता है,
ताकि शरीर और मन का विकास सही तरीके से हो।
यह समय माँ के पोषण, सही आहार और दवाओं के माध्यम से
शरीर के विकास की नींव रखने का है। आयुर्वेद, इस समय की विशेष देखभाल
और सुरक्षा की आवश्यकता को समझता है, ताकि बच्चा स्वस्थ और
खुशहाल रहे।

युवावस्था
युवावस्था जीवन के शक्ति, ऊर्जा और रोमांच का समय है,
जहाँ शारीरिक और मानसिक बदलाव सबसे तीव्र होते हैं।
आयुर्वेद, इस अवस्था में संतुलन को बनाए रखने की सलाह देता है,
ताकि शरीर और मन की शक्ति का अधिकतम उपयोग किया जा सके।
सही आहार, योग और नियमित दिनचर्या से शरीर को पोषण मिलता है,
जबकि मानसिक संतुलन के लिए ध्यान और प्राणायाम आवश्यक होते हैं।
इस समय की सबसे बड़ी आवश्यकता है,
न केवल शारीरिक स्वास्थ्य, बल्कि मानसिक और भावनात्मक स्थिरता।

मातृत्व
मातृत्व एक पवित्र और महत्वपूर्ण जीवनवृत्त है,

जहाँ महिला का शरीर और आत्मा दोनों ही परिवर्तन की प्रक्रिया से गुजरते हैं।
आयुर्वेद, मातृत्व के समय पोषण, विश्राम और शांति को महत्व देता है।
यह गर्भावस्था में शारीरिक और मानसिक संतुलन बनाए रखने के लिए विशेष आहार, औषधियाँ और जीवनशैली की सिफारिश करता है।
यह माँ और बच्चे दोनों के लिए स्वास्थ्य और ऊर्जा का स्रोत बनता है।

वृद्धावस्था
वृद्धावस्था में शरीर की क्षमता घटने लगती है,
लेकिन आयुर्वेद इसे एक सुंदर और संतुलित जीवन के रूप में देखता है।
यह समय शरीर के वात दोष को संतुलित करने का होता है,
ताकि जोड़, हड्डियाँ और मानसिक स्थिति ठीक रहे।
आयुर्वेद वृद्धावस्था में हल्के और सुपाच्य आहार की सलाह देता है,
जिससे शरीर को ऊर्जा और पोषण मिलता है, साथ ही मानसिक संतुलन भी कायम रहता है।
ध्यान, योग, प्राणायाम और हल्का व्यायाम वृद्धावस्था में जीवन को स्वस्थ, सक्रिय और सुखमय बनाए रखते हैं।

आयुर्वेद का जीवन के प्रत्येक चरण में प्रभाव
आयुर्वेद, जीवन के हर चरण में संतुलन, स्वास्थ्य और समृद्धि की ओर मार्गदर्शन करता है।
यह न केवल शारीरिक स्वास्थ्य, बल्कि मानसिक और भावनात्मक स्वास्थ्य के लिए भी महत्वपूर्ण है।
आयुर्वेद हमें यह सिखाता है कि हर उम्र में प्रकृति के साथ सामंजस्य बनाना चाहिए,
ताकि हम हर जीवनकाल में सशक्त और खुशहाल रह सकें।

भाग 9

आयुर्वेदिक उपचार और गृह चिकित्सा

रसोईघर की औषधियों का महत्व

रसोई की महक में बसी,
सभी औषधियाँ, जो चुपके से,
हमारे स्वास्थ्य की कुंजी बन जाती हैं।
न गरम मसाले, न हल्दी,
न अदरक, न जीरा,
यहें कोई बेतुकी चीज़ नहीं,
यहें नितांत सहज,
प्रकृति का दिया उपहार हैं।

हर एक मसाले का अपना जादू,
कभी रोगों की दीवारों को तोड़ता,
कभी ताजगी का एहसास देता,
कभी विषाक्तता को बाहर निकालता।
तेल, जड़ी-बूटियाँ, छौंक और पत्तियाँ,
सभी का अपना आधिकारिक स्थान,
रसोई में बसी औषधि,
न केवल पेट, बल्कि आत्मा का इलाज करती हैं।

आयुर्वेद का गूढ़ ज्ञान,
रसोईघर की सरलता में समाहित,
हर छोटी चीज़ में जीवन का तत्व बसा,
जो शरीर को हर तूफ़ान से बचाता हैं।
नासमझी में हम इसे अनदेखा करते हैं,
किन्तु यह जीवनदायिनी शक्ति,
हमेशा हमारे पास होती हैं।

हमारे हाथों में बस रही है,
एक छोटी सी चुटकी, एक टुकड़ा,
जो हमें स्वस्थ, सुखी और शक्तिशाली बनाता हैं।
रसोईघर की औषधियों का महत्व,
अदृश्य होते हुए भी,
हमारे अस्तित्व का अभिन्न हिस्सा हैं।

घरेलू नुस्खों का विज्ञान

हमारे किचन में छिपे हैं,
प्राचीन विज्ञान के रहस्यमय सूत्र,
जहाँ मसाले, जड़ी-बूटियाँ, और तेल,
स्वास्थ्य के खोले हुए दरवाजे हैं।

चुटकी भर हल्दी,
दाग-धब्बों से परे,
विषाक्तता को बाहर निकालने का काम करती हैं,
सदियों से इसका उपयोग
संक्रमणों से बचाव का उपाय रहा।

अदरक का जोश,
खाँसी और जुकाम को हराता,
न केवल स्वाद बढ़ाता,
बल्कि शरीर के भीतर के बैक्टीरिया को भी नष्ट करता है।
यहाँ वैज्ञानिकता है,
गर्म प्रभाव और प्रतिरक्षा को बढ़ावा देने में।

जीरा, धनिया, और सोंठ,
आंतों की शक्ति को सुदृढ़ बनाते हैं,
यह हमें सिखाता है संतुलन,
और हमारी पाचन क्रिया को सहज करता है।

नमक, शहद, और नींबू,
सर्दी में राहत का अद्भुत मिश्रण,
इसमें छिपा है न केवल उपचार,
बल्कि शरीर को ऊर्जा देने का एक रास्ता।

वो हर घूंट, वो हर चम्मच,
एक वैज्ञानिक सूत्र से जुड़े होते हैं,
जो हमारे शरीर को संतुलित करता है,
और प्रकृति के साथ हमारा संबंध मजबूत करता है।

घरेलू नुस्खों में छिपा,
विज्ञान का अनकहा ज्ञान है,
जो हमें बताता है कि
स्वास्थ्य प्राकृतिक है, और उसके साथ सशक्त होना हमारी धरोहर।

दिनचर्या और रात्रिचर्या का संतुलन

दिन की पहली किरण,
सूर्य का धीरे-धीरे उगना,
हमारे जीवन का आरंभ होता है,
नए उत्साह, नई ऊर्जा का।
प्राकृतिक रूप से हमें जागरण की आवश्यकता,
दिन को जीने की, काम करने की,
हमारे शरीर का हर अंग,
इस समय में काम करने के लिए तैयार होता है।

प्राकृतिक लय में रहते हुए,
आलस्य को छोड़कर सक्रियता अपनाते हैं,
ध्यान, व्यायाम, और स्वास्थ्य का ध्यान,
सभी कृत्य दिन के भाग हैं।
समय से भोजन,
संतुलित जीवन का आधार बनता है,
हर क्षण की ऊर्जा,
सही दिशा में उपयोग की जाती है।

लेकिन रात्रि की आहट,
शरीर को विश्राम का संकेत देती है,
चंद्रमा की चुप्पी,
हमारी अंदर की शांति का कारण बनती है।
अब समय है, आंतरिक शांति पाने का,
स्वस्थ नींद में खो जाने का।

रात्रिचर्या,
शरीर को फिर से ताजगी देने का समय,
हर अंग को शांति और राहत मिलती है,
चीज़ें धीमी हो जाती हैं,
मन भी शांत हो जाता है।
सोने से पहले,
स्मरण करें कि क्या किया आपने दिनभर,

सकारात्मकता और शांति के साथ रात का स्वागत करें।

दिन और रात का संतुलन,
हमारे जीवन की कुंजी है,
दोनों का आदान-प्रदान,
हमारे अस्तित्व को बनाए रखता है।
दिन का कार्य और रात्रि का विश्राम,
दोनों मिलकर हमें स्थिरता और सशक्तता देते हैं,
ताकि हम हर नए दिन में,
अपनी पूरी क्षमता से चमक सकें।

स्वर्ण भस्म का चमत्कार

स्वर्ण भस्म,
सभी धातुओं में अद्वितीय,
एक चमक, एक अदृश्य शक्ति,
जो केवल दिखती नहीं,
बल्कि जीवन में सकारात्मक परिवर्तन लाती है।

आयुर्वेद का यह रहस्य,
स्वर्ण का सूक्ष्म रूप,
शरीर में प्रवेश करते ही,
स्वास्थ्य को पुनः जीवित करता है,
दिमाग की तीव्रता को बढ़ाता है,
रक्त में ऊर्जा का संचार करता है।

यह न केवल शरीर को संजीवनी शक्ति देता है,
बल्कि आत्मा को भी शांति प्रदान करता है,
दिमाग की शक्ति और स्मृति को प्रबल बनाता है,
जैसे सूरज की किरण,
जो हर कोने में रोशनी फैलाती है।

स्वर्ण भस्म के उपयोग से,
दवा और उपचार की नयी दिशा मिलती है,
यह एक प्राचीन विज्ञान है,
जो आधुनिक चिकित्सा को भी चुनौती देता है।
यह शारीरिक कमजोरी को दूर करता है,
कभी हृदय की समस्याओं को,
तो कभी मानसिक तनाव को समाप्त करता है।

स्वर्ण भस्म,

शरीर में प्रवेश करते ही,
वह न केवल उपचार करता है,
बल्कि शरीर की ऊर्जा के प्रवाह को संतुलित करता है,
जैसे एक बडी नदी अपने रास्ते में रुकावटें दूर करती है।

इसके चमत्कार में कोई रहस्य नहीं,
यह केवल प्रकृति का सबसे प्राचीन उपहार है,
जो सदियों से हमारे पास है,
स्वास्थ्य, शक्ति और ऊर्जा का प्रतीक।

रसायन चिकित्सा की शक्ति

रसायन चिकित्सा,
आयुर्वेद का गूढ़ विज्ञान,
जिसमें प्रकृति की हर शक्ति समाई है,
और हर तत्व में एक जीवनदायिनी शक्ति बसी है।
यह न केवल रोगों का निवारण करता है,
बल्कि शरीर, मन और आत्मा का संतुलन भी बनाता है।

हर एक घटक,
चीज़ों का एक विशेष मिश्रण,
जो शरीर के अंदर जाकर,
उसकी ऊर्जा और क्रियाओं को जागृत करता है।
यह वो चिकित्सा है,
जो एक अदृश्य शक्ति की तरह काम करती है,
शरीर के अंदर के विकारों को दूर करती है,
और हर कोशिका को पुनः सशक्त बनाती है।

रसायन चिकित्सा में,
हर पदार्थ का वैज्ञानिक प्रभाव होता है,
जिसे शरीर अपनी आवश्यकता के अनुसार स्वीकार करता है।
यह न केवल शारीरिक स्वास्थ्य को उत्तेजित करता है,
बल्कि मानसिक शांति और आंतरिक संतुलन भी प्रदान करता है।
स्वास्थ्य के लिए यह एक अचूक उपाय है,
जो बीमारियों को जड़ से समाप्त करता है।

प्राकृतिक तत्वों का मिश्रण,
चाहे वह स्वर्ण, चांदी, रजत हो,
या फिर किसी अन्य अमृततुल्य घटक से,
इनका अद्भुत प्रभाव,

शरीर के पुनर्निर्माण में मदद करता है।

रसायन चिकित्सा,
न केवल आयुर्वेद का गौरव है,
बल्कि यह हमारे शरीर की छुपी हुई शक्तियों को उजागर करने का
माध्यम है,
जो हमें जीवन में ताजगी, शक्ति और दीर्घायु प्रदान करता है।

भाग 10

आयुर्वेदिक भोजन और आहार-विहार

ऋतुचर्या और आहार की कला

ऋतुओं का बदलता रूप,
सृष्टि की धारा के समान,
हर ऋतु अपने साथ लाती है,
नया रस, नया रंग, नया रूप।

आहार, वो साधन है,
जो जीवन को जीवनमय बनाता है,
हर ऋतु के साथ बदलती
आवश्यकताएँ, जो शरीर को समृद्ध करती हैं।

गर्मियों में ठंडे खाद्य पदार्थ,
सर्दियों में गर्म और ताजे,
वसंत में हल्के,
शरद में शक्तिवर्धक।

आहार का सही चुनाव,
शरीर की आवश्यकता का ध्यान रखते हुए,
मनोबल को भी दृढ़ करता है,
आध्यात्मिक शक्ति का स्रोत बनता है।

आहार-विहार की यह कला,
हर ऋतु में जीवन को संजीवित करती है,
सदियों से आयुर्वेद में समाहित,
यह विज्ञान और आस्था का संगम है।

कभी संयमित, कभी प्रचुर,
कभी साधारण, कभी विशिष्ट,
यह आहार नहीं केवल भोजन,
बल्कि जीवन के समुचित मार्गदर्शन का प्रतीक है।

सात्विक भोजन का महत्व

सात्विक भोजन वह है,
जो शुद्ध, सरल और पवित्र होता है,
जिसमें न कोई भारीपन,
न कोई तामसी प्रवृत्ति।

यह भोजन न केवल शरीर को,
बल्कि मन और आत्मा को भी शुद्ध करता है,
जो खाने में आनंद और संतोष की खोज करते हैं,
उनके जीवन में सात्विकता का प्रवेश होता है।

सात्विक आहार से मिलता है,
चित्त की शांति,
मन की एकाग्रता,
और आत्मा की प्रसन्नता।

यह भोजन प्रकृति से जुड़ा हुआ होता है,
ताजे फल, हरे-भरे सब्ज़ियाँ,
सादा और हल्का आहार,
जो जीवन में संतुलन और ऊर्जा लाता है।

सात्विक भोजन से मनुष्य में,
सकारात्मकता और सद्भावना का वास होता है,
वह संसार में शांति फैलाने वाला बनता है,
और उसकी आत्मा का मार्गदर्शन सद्गति की ओर होता है।

यह भोजन केवल पोषण नहीं,
बल्कि जीवन की सर्वोत्तम साधना है,
जो हमें हमारे लक्ष्य के प्रति जागरूक करता है,
और हमें सर्वोत्तम रूप में जीने की प्रेरणा देता है।

दोषों के अनुसार आहार का चयन

पानी में घुली मिट्टी,
आग में जली हवा,
धरती में समाई ठंडक,
सभी मिलाकर बनाते हैं हमारी देह।

वात, पित्त, कफ–
तीन ही रंग, तीन ही धारा,
जिनके संग जीवन के रस,
हमारे आहार में समाए।

कभी गर्म, कभी ठंडे,
आधुनिकता के संग,
हम भूल जाते हैं–
कभी तो खाओ, तो कभी न खाओ।

वात के लिए हल्का,
पित्त के लिए ठंडा,
कफ के लिए गर्म,
इस खेल को समझो, और स्वस्थ रहो।

सौम्य आहार, सच्चा आहार,
तुम्हारी देह का साथी,
यह न केवल पेट भरता है,
बल्कि मन को भी शांति देता है।

हमारी हर प्यास,
हमारी हर भूख,

समझे जाने की है जरूरत,
तभी होगा ताजगी का मिलन।

तुम जो खाओ, वो जीवन हो,
तुम जो पीओ, वो शक्ति हो,
समझो आहार, समझो शरीर,
और जीवन को सही दिशा दो।

आयुर्वेदिक पाककला का विज्ञान

आयुर्वेद की गूढ़ धाराओं में
भोजन और आहार का अद्वितीय विज्ञान समाया है,
हर ऋतु में नयापन,
हर आहार में संतुलन की साधना।

यह वह कला है,
जो शरीर को पोषण देने से कहीं अधिक,
मन और आत्मा के संतुलन का रहस्य खोलती है।
हर कौर में प्रकृति की सजीव छाया,
हर स्वाद में जीवन का संदेश।

ऋतु के अनुसार बदलते स्वाद,
सूर्य की ऊष्मा से शीतलता तक का संतुलन,
आहार में नहीं सिर्फ भोजन,
बल्कि प्रकृति की लय और समय का समावेश।

आयुर्वेदिक पाककला एक वाद्ययंत्र की तरह है,
हर मसाला, हर घटक,
सही समय पर, सही मात्रा में मिलकर,
स्वास्थ्य की सुमधुर ध्वनि रचते हैं।

यह सिर्फ पेट को तृप्त नहीं करता,
बल्कि आत्मा में ऊर्जा का संचार करता है,
शरीर की हर कोशिका को जाग्रत करता है,
और स्वास्थ्य का उन्नति मार्ग दिखाता है।

आहार का विज्ञान,
ऋतुचर्या का दर्शन,
आयुर्वेदिक जीवनशैली का आह्वान–
एक सरल और गहरा रहस्य।

भोजन से स्वास्थ्य का आधार

आयुर्वेद का संदेश,
सिर्फ पेट को भरने तक सीमित नहीं है,
यह शरीर, मन और आत्मा के संगीतमय सामंजस्य की ओर अग्रसर
करता है।
प्रत्येक कौर में निहित है,
स्वास्थ्य की कुंजी, जीवन की शक्ति।

हमारे हर दिन का आरंभ,
जो हम खाते हैं, वही बनता है,
हमारी शारीरिक स्थिति,
हमारी मानसिक ताजगी,
हमारी आत्मा का शुद्ध रूप।

भोजन केवल निवाला नहीं,
यह एक संवाद है,
प्रकृति से, हमारे अस्तित्व से,
हर मसाले में एक मंत्र,
हर घी की बूँद में ऊर्जा।

ऋतु के अनुसार बदलती हवा,
वह मांग करती है विशिष्ट आहार,
सर्दी में गरमाहट की आवश्यकता,
गर्मी में शीतलता का संग।
आहार और ऋतु का अनुप्रास,
जीवन को संतुलित बनाए रखता है।

ऋतुचर्या, वह परिपूर्ण मार्गदर्शिका,
जो शरीर को समझने का रास्ता देती है,
यह केवल मौसम का परिवर्तन नहीं,

यह आहार की बदलती परिभाषा है।
हर ऋतु में परिवर्तन की आवश्यकता,
आहार को उसी अनुपात में बदलना।

स्वस्थ जीवन का आधार,
यहीं है, भोजन में हर तत्व की समझ,
ऋतुचक्र का पालन,
यह हर व्यक्ति को दी जाती है संजीवनी।
जो हम खाते हैं, वही बनते हैं,
आयुर्वेद की यह साधना,
स्वास्थ्य का सचेत आधार।

भाग 11
आयुर्वेद और अध्यात्म

ध्यान और आरोग्य का संगम

ध्यान की गहरी लहरों में,
आध्यात्मिक आकाश में समाया
एक मंत्र, एक विश्वास,
जो शरीर और आत्मा को जोड़ता है।

अधरों से निकलती शांति की ध्वनि,
रक्त में फैलती शांति की तरंग,
हर श्वास के साथ,
तन-मन की उपासना,
वह क्षण, जब आत्मा और शरीर
एक साथ होते हैं।

आयुर्वेद की जड़ी-बूटियाँ,
जिनमें अदृश्य शक्ति समाई है,
वे भी इस ध्यान के साथ
आत्मा के सम्पूर्ण अस्तित्व में बसीं हैं।
प्राकृतिक तत्वों का चुम्बन,
शरीर के अंदर की हर कोशिका को
मुक्त कर देता है,
वह संतुलन, जो जीवन की असल महिमा है।

आध्यात्मिक यात्रा से आच्छादित,
जब मन स्थिर हो जाता है,
तब ही तो शरीर में सच्ची स्वास्थ्य की
धारा बहने लगती है।
कहीं न कहीं,
इन दोनों के संगम से,
शांति और स्वास्थ्य का एक नया स्वरुप
विकसित होता है,
यह जीवन का अद्भुत रहस्य है।

आत्मा और शरीर का मेल

जब आत्मा और शरीर मिलते हैं,
सिर्फ एक मिलन नहीं,
बल्कि एक अनन्त गूंज होती है,
जो हर कोशिका में समाती है।

शरीर वह साधन है,
जिसमें आत्मा अपना रूप पाती है,
यह पवित्र मन्दिर,
जिसमें हर अंग में बसी है
एक दिव्य चेतना।

आत्मा, जो निराकार है,
शरीर के माध्यम से बनती है प्रकट,
यह संघर्ष नहीं,
बल्कि एक सुमधुर मिलन है,
जो जीवन के हर पल में महसूस होता है।

जब आत्मा जाग्रत होती है,
शरीर का हर अंग अपनी भूमिका निभाता है,
मन, हृदय, और बुद्धि की एकता
स्वास्थ्य और शांति की नींव बनती है।
यह प्रेम, यह साक्षात्कार,
जीवन के हर चक्र को पूर्ण करता है।

आत्मा और शरीर का यह मिलन,
वह संतुलन है,
जो न केवल जीवन को संजीवित करता है,
बल्कि आत्मिक शांति और शारीरिक आरोग्य को
समान रूप से खिलाता है।

सात्विक जीवनशैली का विज्ञान

सात्विक जीवनशैली,
वह संतुलन है जो
शरीर, मन और आत्मा के बीच
अमिट संबंध स्थापित करता है।
यह केवल आहार और व्यायाम का विषय नहीं,
बल्कि एक गहरे ज्ञान का मार्ग है,
जो जीवन की ऊर्जा को शुद्ध करता है।

सात्विक आहार,
न केवल ताजगी और पोषण से भरपूर होता है,
बल्कि यह शांति की तरंगें भी छोड़ता है।
फल, सब्जियाँ, साबुत अनाज–
इनमें समाहित हैं ब्रह्मांडीय तत्व,
जो शरीर के अंदर शुद्धता और स्फूर्ति लाते हैं।
यह आहार, अहंकार को शांत करता है,
और साधना की ओर मार्गदर्शन करता है।

सात्विक जीवनशैली का विज्ञान,
वह साधना है जो मन को स्थिर और एकाग्र करती है।
ध्यान और प्राणायाम,
शरीर के अंदर की ऊर्जा को जागृत करते हैं,
जो जीवन को समृद्ध और आनंदित बनाती है।
इसका उद्देश्य है,
जीवन की गति को ब्रह्म के साथ जोड़ा जाए,
जहां हर कार्य में सच्चाई और अच्छाई का समावेश हो।

यह जीवनशैली केवल आंतरिक शांति नहीं,
बल्कि बाहरी दुनिया से भी सामंजस्य की प्राप्ति है।
सात्विकता से जीवन में आत्मविश्वास,
धैर्य, और संतुलन आता है,
जो तनाव और अराजकता को दूर करता है,
और व्यक्ति को एक ऊँचे अस्तित्व की ओर अग्रसर करता है।

यह एक साक्षात्कार है,
शरीर और आत्मा के बीच की गहरी समझ का,
जिसमें प्रकृति, शांति और प्रेम की शक्ति समाहित है।
सात्विक जीवनशैली का विज्ञान,
हर जीवित प्राणी को उसकी असली पहचान में
जगाने का विज्ञान है।

योग और आयुर्वेद का तालमेल

योग और आयुर्वेद,
दोनों ही प्राचीन विज्ञान हैं,
जो शरीर, मन और आत्मा के सामंजस्य को बढ़ावा देते हैं।
यहां तक कि इनके बीच का तालमेल
आध्यात्मिक और शारीरिक स्वास्थ्य के लिए
एक अद्भुत संतुलन स्थापित करता है।

योग,
जो शारीरिक और मानसिक अभ्यास से जुड़ा है,
शरीर को लचीला और मजबूत बनाता है,
मन को शांति और संतुलन देता है।
प्राणायाम से जीवन की ऊर्जा को
संतुलित किया जाता है,
वहीं ध्यान और आसन,
शरीर को विश्राम की स्थिति में लाकर
आध्यात्मिक उन्नति की ओर अग्रसर करते हैं।

आयुर्वेद,
जो प्रकृति से प्राप्त ज्ञान पर आधारित है,
शरीर की आंतरिक धारा को समाहित करता है।
यह पंचतत्त्वों की समझ से जुड़ा है,
जो जीवन को स्वास्थ्य और दीर्घायु का उपहार देता है।
आयुर्वेदिक औषधियाँ, आहार और दिनचर्या,
शरीर की दोषों को संतुलित करके
आध्यात्मिक शांति और शारीरिक स्फूर्ति लाती हैं।

जब योग और आयुर्वेद का तालमेल होता है,
तो जीवन में एक अद्भुत सामंजस्य बनता है।

योग से मन की शांति और शरीर की लचीलापन मिलती है,
वहीं आयुर्वेद से शारीरिक रोगों की रोकथाम और उपचार।
यह एक ऐसी संयोजन है,
जो जीवन को सम्पूर्ण, स्वस्थ और समृद्ध बनाता है।

योग और आयुर्वेद का मेल,
शरीर के भीतर की ऊर्जा को पुनः जागृत करता है,
मन और आत्मा के बीच की दूरी को समाप्त करता है,
और व्यक्ति को अपने सर्वोत्तम रूप में जीवन जीने का मार्ग दिखाता है।

अध्यात्म और आयुर्वेद का समन्वय

अध्यात्म और आयुर्वेद,
दोनों ही जीवन के गहरे सत्य को समझने के मार्ग हैं।
जहां आयुर्वेद शरीर की शुद्धि और संतुलन का विज्ञान है,
वहीं अध्यात्म आत्मा की परम शांति और ज्ञान की ओर मार्गदर्शन करता है।
जब इन दोनों का समन्वय होता है,
तो जीवन के हर पहलू में पूर्णता और संतुलन का संचार होता है।

आयुर्वेद शरीर के पंचतत्त्वों को समझकर
उनका संतुलन बनाए रखता है,
ताकि रोगों से बचाव हो सके और शरीर स्वस्थ रहे।
यह आहार, दिनचर्या, और औषधियों के माध्यम से
शरीर को पुनः ऊर्जा प्रदान करता है।
वहीं अध्यात्म,
जो आत्मा की शांति और ध्यान की स्थिति से जुड़ा है,
मन को स्थिर और संतुलित करता है,
जिससे जीवन के सभी तनाव और विकार समाप्त होते हैं।

जब इन दोनों का मिलन होता है,
तो आयुर्वेद के उपचारों में भी एक मानसिक और आत्मिक पहलू जुड़ जाता है।
ध्यान और प्राणायाम,
शरीर की ऊर्जा को शुद्ध और संतुलित करने के साथ,
आयुर्वेदिक उपचारों को अधिक प्रभावी बनाते हैं।
यह समन्वय शरीर और आत्मा के बीच एक अद्वितीय सामंजस्य स्थापित करता है,
जो स्वास्थ्य, शांति और समृद्धि की ओर अग्रसर करता है।

आध्यात्मिक दृष्टिकोण से,
जब हम शरीर को एक मंदिर मानते हैं,
तो आयुर्वेद के उपायों को आत्मा की सेवा के रूप में देखते हैं।
यह संतुलन जीवन के हर पहलू को पोषित करता है,

और हमें अपने उच्चतम स्वरूप को पहचानने की क्षमता देता है।

अध्यात्म और आयुर्वेद का समन्वय,
यह जीवन को एक महान यात्रा में बदल देता है,
जहां शारीरिक, मानसिक और आत्मिक स्वास्थ्य एक साथ चलते हैं,
और व्यक्ति को उसके पूर्ण शांति और समृद्धि का अनुभव होता है।

भाग 12
आयुर्वेद और डिजिटल युग

आयुर्वेद का नया सवेरा

आयुर्वेद का नया सवेरा,
जागृत होता है नयी धारा में।
सैकड़ों वर्ष पुरानी विधि,
आज की डिजिटल दुनिया में जीवित है।

हाथों में न कोई औषधि,
न ही कोई घोल-चूर्ण,
स्मार्टफोन में बसी एक नई शक्ति,
आयुर्वेद के ज्ञान को वर्चुअल बनाती।

परंपरा और विज्ञान का मिलन,
तकनीक में समाया आयुर्वेद का प्राचीन जीवन।
हर रोग का समाधान, अब अंगुलियों पर,
एक क्लिक से मिलता है आयुर्वेद का नुस्खा।

ये न केवल विज्ञान है,
ये आत्मा का उपचार है।
दुनिया ने इसे अपनाया है,
अब डिजिटल युग में भी यही रहनुमाई है।

यद्यपि तकनीकी प्रगति ने नई राहें दिखाई,
आयुर्वेद का संदेश फिर भी वही पुराना है।
स्वास्थ्य और समृद्धि की दिशा,
अब डिजिटल उपकरणों से होती है उजागर।

आयुर्वेद का नया सवेरा,
स्मार्ट, सजीव और प्रवृत्तियों से भरपूर।
हमारे अंदर बसी इस प्राचीन प्रणाली की शक्ति,
अब समय की धारा में अडिग और जीवित है।

डिजिटल आयुर्वेद ऋषि

आकाशगंगा के शून्य में,
जहाँ डेटा प्रवाहित होता है,
एक ऋषि बैठा है ध्यानस्थ,
पिक्सेल और कोड के सूत्रों में गूंथता,
आयुर्वेद की अमर गाथा।

उसके हाथों में न पुरानी ताड़पत्री है,
न झरनों के किनारे कोई आश्रम।
उसका मठ है,
डिजिटल स्क्रीन की चमक,
और मस्तिष्क में बसी कृत्रिम बुद्धि।

वह ढूंढता है वनस्पतियों के गुण
ऑनलाइन डेटाबेस में,
गूगल के पन्नों पर उकेरता है,
त्रिदोष की व्याख्या।
नाड़ी परीक्षण अब बायोमेट्रिक सेंसर में बसता है,
और औषधियों का निर्माण
होता है ३डी प्रिंटर की कलाओं से।

डिजिटल ऋषि जानता है,
कि आयुर्वेद केवल जड़ी-बूटियों तक सीमित नहीं,
यह शरीर और आत्मा का संवाद है,
जो डिजिटल लहरों पर भी बह सकता है।

उसने संजीवनी को
क्लाउड स्टोरेज में रखा है,
और वायुमंडल के गुणों को
किसी एप्लिकेशन की कोड-लाइनों में।

पर वह भूलता नहीं
कि प्राचीनता की जड़ें मिट्टी में होती हैं।

वह ढूंढता है संतुलन,
डिजिटल और प्राकृतिक के बीच।
क्योंकि जानता है–
आयुर्वेद का सार,
न तो पूर्णतः अतीत में था,
और न ही केवल भविष्य में होगा।

डिजिटल आयुर्वेद ऋषि
एक सेतु है,
जहाँ सनातन और आधुनिकता
एक साथ प्रवाहित होते हैं।

एप्स और आयुर्वेद

स्मार्टफ़ोन की उँगलियों पर,
जहाँ क्लिक से खुलते हैं संसार,
अब वहाँ खुलते हैं
चरक और सुश्रुत के पन्ने।
एक ऐप में समाया है,
हजारों सालों का ज्ञान,
जो कभी ऋषियों की कुटियों में
पलता था धीमे दीपक की रोशनी में।

डॉशबोर्ड पर दिखता है
वात, पित्त, कफ का संतुलन,
और नोटिफिकेशन में झलकती है
त्रिदोष को सुधारने की सलाह।
डिजिटल समय के इस आयाम में,
आयुर्वेद अब
डाटा एनालिटिक्स की भाषा बोलता है।

एक ऐप बताता है
किस वनस्पति का अर्क
कैसे होगा शरीर के अनुकूल।
दूसरा ऐप गिनता है
धड़कनों की ताल,
और सुझाव देता है
योगासन और प्राणायाम।

लेकिन,
क्या स्क्रीन की रोशनी
पकड़ सकेगी वह धूप,
जो आयुर्वेद के हर शब्द में बसती थी?
क्या एक क्लिक में
मिल सकेगा वह स्पर्श,
जो मिट्टी और जड़ी-बूटियों के संग था?

एप्स ने आसान कर दिया है
ज्योतिषीय गणनाएँ,
और पंचकर्म की विधियाँ।
परंतु क्या इन्हीं स्क्रीन के पीछे
छूट रहा है
शरीर और प्रकृति का संवाद?

एप्स आयुर्वेद का नया चेहरा हैं,
पर चेहरा ही सबकुछ नहीं होता।
जरूरी है कि हम
इन डिजिटल औजारों के संग
संवेदनशीलता और जड़ों को भी याद रखें।

क्योंकि आयुर्वेद केवल विज्ञान नहीं,
जीवन का दर्शन है,
जो कभी भी
किसी ऐप में पूरी तरह
कैद नहीं हो सकता।

तकनीक से जुड़ी आयुर्वेद चिकित्सा

स्पर्श जहां था पहले मिट्टी का,
अब वहां स्क्रीन की चिकनाहट है।
जहां कूटते थे जड़ी-बूटियां,
अब वहाँ हैं बायोमेडिकल मशीनें।
तकनीक ने खोला है नया द्वार,
जहां आयुर्वेद का ज्ञान
डेटा और एल्गोरिदम में ढल रहा है।

पल्स सेंसर से नाड़ी का अध्ययन,
एआई बताती है आपकी प्रकृति–
वात, पित्त, कफ।
डिजिटल रिपोर्ट कहती है
कौन-सा दोष है सक्रिय,
और कौन-सी औषधि देगी राहत।

होलोग्राम की दुनिया में
अब वनस्पतियां भी जीवित हो उठती हैं।
3डी मॉडल समझाते हैं
त्रिदोष की जटिल संरचना।
वर्चुअल रियलिटी के चश्मे में,
एक ऋषि बताता है पंचकर्म की प्रक्रिया।

तकनीक का यह संगम
आयुर्वेद को ले गया है
ग्रामीण झोपड़ियों से
महानगरों के डिजिटल अस्पतालों तक।
अब यह हर हाथ में है,
एक मोबाइल की स्क्रीन पर।

पर सवाल यह है–
क्या मशीनें महसूस कर सकती हैं
वह स्पंदन,

जो केवल एक अनुभवी वैद्य समझ सकता है?
क्या स्क्रीन पर दी गई सलाह
धरती से जुड़े उस ज्ञान का विकल्प बन सकती है?

तकनीक से जुड़ी आयुर्वेद चिकित्सा
संभवतः सरल है,
पर क्या यह संपूर्ण है?
आयुर्वेद केवल उपचार नहीं,
एक जीवन शैली है।
और तकनीक के इस युग में,
हमें याद रखना होगा
कि जड़ें हमारी धरती में हैं,
सिर्फ डिजिटल आकाश में नहीं।

वैश्विक मंच पर आयुर्वेद

गंगा किनारे जन्मा,
हिमालय की गोद में पला,
अब आयुर्वेद खड़ा है
वैश्विक मंच पर,
एक सजीव परंपरा की तरह।

जहां कभी ऋषियों की वाणी में
छिपे थे त्रिदोष के रहस्य,
आज वहां विश्व सुन रहा है
आयुर्वेद का विज्ञान,
प्रकृति का अनमोल उपहार।

अमेरिका के लैब्स में
अब तुलसी के अर्क की चर्चा है।
जर्मनी के शोधकर्ता खोजते हैं
हल्दी के गुण,
और जापान की धरती पर
त्रिफला के चमत्कार के किस्से हैं।

योग के साथ आयुर्वेद
बन चुका है वैश्विक जीवनशैली।
डिटॉक्स रिट्रीट्स में
पंचकर्म की विधियां सिखाई जाती हैं।
स्पा और वेलनेस सेंटर में
शिरोधारा की बूँदें
तनाव को हर लेती हैं।

लेकिन इस वैश्विक सफलता के बीच,
कहीं छूट न जाए
उसकी आत्मा।
आयुर्वेद केवल औषधि नहीं,
जीवन के साथ सामंजस्य है,

प्रकृति के साथ पुनर्मिलन है।

वैश्विक मंच पर खड़ा आयुर्वेद
अब चुनौती में है,
आधुनिक विज्ञान के साथ
अपनी पहचान बचाने की।
जरूरी है,
कि इस ज्ञान को
सिर्फ उत्पाद नहीं बनने दें,
बल्कि इसे दर्शन बनाए रखें।

आयुर्वेद,
जो कभी ऋषियों की साधना था,
आज विश्व की प्रेरणा है।
यह भारत का वरदान है,
जो सीमाओं से परे
मानवता को जोड़ता है।

भाग 13
आयुर्वेद के प्रेरणा गीत

आयुर्वेद महिमा का गीत

यह वटवृक्ष, जिसकी छाया में
पीढ़ियों ने पाया जीवन का आधार।
जिसकी जड़ों में छिपा है सृष्टि का रहस्य,
और पत्तों पर लिखा है अमरत्व का ज्ञान।

नदियां बहती हैं जैसे शिराओं में,
वात, पित्त, कफ का संगीत सुनाती हुई।
संतुलन का संदेश देती हैं,
जीवन के प्रवाह को समझाती हुई।

जड़ी-बूटियां, पर्वतों की गोद से
आती हैं जैसे माँ के आशीर्वाद,
जिनमें छिपा है हर व्याधि का उत्तर,
हर वेदना का अंत।

आयुर्वेद, तुम मात्र चिकित्सा नहीं,
जीवन जीने की कला हो।
तुम्हारा हर सूत्र, हर श्लोक
कहता है प्रकृति के साथ सहअस्तित्व का संदेश।

नाड़ी की धड़कन से लेकर
मन के अंतर्मन तक की यात्रा,
तुमने सिखाया हमें कि
स्वास्थ्य मात्र शरीर का नहीं, आत्मा का भी है।

तुम्हारा ज्ञान, कालजयी दीपक की भांति
हर युग, हर दौर को प्रकाशित करता रहा।
तुम्हारी महिमा अनंत है,

जैसे अनंत आकाश में विस्तृत सूर्य का तेज।

हे आयुर्वेद!
तुम जीवन की धड़कन हो,
तुम जीवन का संगीत हो,
तुम सृष्टि का सत्य हो।

संस्कृति और स्वास्थ्य का संगम

संस्कृति, वह धरोहर,
जो पीढ़ियों से बहती आई है,
विचारों, परंपराओं और रीति-रिवाजों के संग।
स्वास्थ्य, वह संपदा,
जो तन और मन को जीवन का उत्सव बनाती है।

दोनों का संगम,
एक नदी की तरह है,
जहाँ प्रवाह है संस्कारों का,
और शुद्धता है प्रकृति की।

संस्कृति ने सिखाया,
भोजन से पहले आभार व्यक्त करना,
और स्वास्थ्य ने बताया,
कि यह कृतज्ञता ही है
जो शरीर और आत्मा को जोड़ती है।

योग और प्राणायाम,
संस्कृति के मंदिर से उपजी वह मूरत,
जो स्वास्थ्य को अमरत्व का वरदान देती है।
जड़ी-बूटियां, हवन की धूम्र-रेखा,
यह केवल परंपरा नहीं,
जीवन के शुद्धिकरण की प्रक्रिया है।

त्योहारों में छिपे विज्ञान,
हर ऋतु के अनुकूल खान-पान,
संस्कृति ने दिया संतुलन का पाठ,
और स्वास्थ्य ने उसे सार्थक बनाया।

संस्कृति ने कहा–
"सहजता में है शक्ति,"
स्वास्थ्य ने कहा–

"संतुलन में है जीवन।"

जहाँ दीप जलता है परंपराओं का,
वहीं हवा बहती है स्वास्थ्य की।
यह संगम नहीं,
जीवन का पूर्ण चक्र है।

संस्कृति और स्वास्थ्य,
दोनों मिलकर सिखाते हैं–
संपूर्णता का अर्थ,
और जीवन का असली आनंद।

क्या है तुम्हारी प्रकृति?

क्या है तुम्हारी प्रकृति,
क्या कभी सोचा है?
उस धारा के बारे में,
जो तुम्हारे भीतर बहती है।
वात की तरह,
जो हवा बनकर
हर कोने में
जीवन का संदेश ले जाती है।

क्या महसूस किया है
पित्त की अग्नि को,
जो हर ऊर्जा का मूल है,
जो तुम्हारे भीतर
जोश और जुनून की लौ जलाती है।

या देखा है कफ की स्थिरता,
जो हर हलचल को थामे है,
जो तुम्हें जड़ों की तरह
मिट्टी से जोड़ती है।

तुम्हारी प्रकृति
सिर्फ शरीर का रहस्य नहीं,
यह जीवन का संतुलन है,
यह पहचान है
तुम्हारे अस्तित्व की।

तो चलो,
आयुष के अभियान का हिस्सा बनें,
और खोजें उस उत्तर को,
जो हमारे भीतर ही छुपा है।
यह अभियान नहीं,
यह है स्वास्थ्य का उत्सव।

आयुर्वेद मंत्रालय का भरोसा

यह भरोसा,
जड़ों से जुड़ने का है,
संस्कारों को सहेजने का है।
यह विश्वास है उस विज्ञान में,
जो प्रकृति के साथ संवाद करता है।

आयुर्वेद मंत्रालय,
केवल एक संस्था नहीं,
यह संकल्प है–
हर घर तक पहुँचाने का,
प्रकृति का उपहार।

कई युगों से संचित ज्ञान,
जो वनों में बहता था,
पर्वतों पर खिला करता था,
अब घर-घर की बात बनेगा।

जड़ी-बूटियों की सुगंध से,
भरेगी हर आँगन की हवा।
हर रोग का निदान,
अब मिलेगा प्रकृति की गोद से।

यह भरोसा है,
नाड़ी के ज्ञान का,
त्रिदोष के समाधान का,
स्वस्थ तन और शांत मन का।

आयुर्वेद मंत्रालय का लक्ष्य,
हर व्यक्ति तक पहुँचाना है
वह मंत्र, जो कहता है–
"स्वास्थ्य ही जीवन है।"

यह केवल चिकित्सा नहीं,
यह जीवन का उत्सव है।
यह भरोसा है,
अपने मूल को समझने का,
और अपने भविष्य को सँवारने का।

राष्ट्रीय आयुर्वेद दिवस की गूंज

आज गूंज उठे हर कण में,
सनातन की गाथा,
प्रकृति के अनमोल ज्ञान की महक,
आयुर्वेद की भाषा।

यह दिन नहीं,
एक युग का उद्घोष है,
जहाँ तन-मन के संगम से,
जीवन का संतुलन खोजा जाता है।

हर जड़ी-बूटी की कहानी,
हर सूत्र का संदेश,
आज फिर से गूंजेगा,
हर हृदय में, हर देश।

त्रिदोषों का विज्ञान,
धातुओं का ज्ञान,
जीवन के सात स्तंभों का आधार,
आज फिर से मान्यता पाएगा।

आयुर्वेद, जो सिखाता है,
कि हर व्याधि का उत्तर
प्रकृति के आलिंगन में छिपा है।
जो बताता है,
स्वस्थ जीवन केवल शरीर का नहीं,
आत्मा का उत्सव भी है।

राष्ट्रीय आयुर्वेद दिवस,
केवल उत्सव नहीं,
यह प्रण है–
अपनी जड़ों से जुड़ने का,
अपनी संस्कृति को अपनाने का।

आज गूंजे हर घर में,
यह संदेश–
कि आयुर्वेद केवल उपचार नहीं,
यह जीवन जीने की कला है।

तो आओ,
इस दिवस पर संकल्प लें,
प्रकृति के साथ चलने का,
और आयुर्वेद की गूंज को
हर कोने तक पहुँचाने का।